西方经济思想史教程

马新文 栗梦源 编著

U0716786

BANK

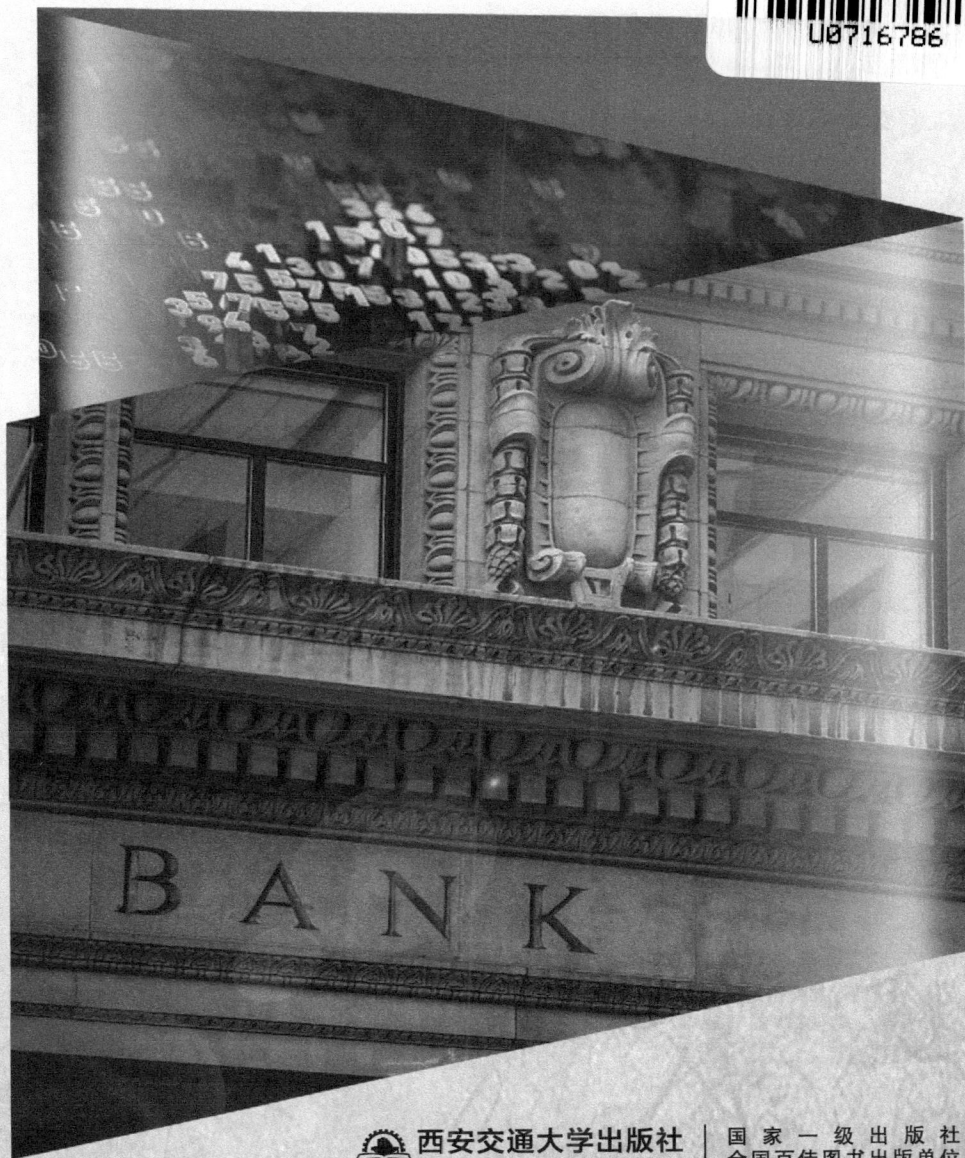

西安交通大学出版社
XI'AN JIAOTONG UNIVERSITY PRESS

国家一级出版社
全国百佳图书出版单位

内容简介

    本书介绍了西方经济思想史上不同时期的社会经济背景,选择了每一时期具有里程碑意义的代表人物,介绍了其简要生平、主要著作、主要经济思想、贡献与影响。

    古希腊是西方文明的源头,本书具体内容从公元前5世纪古希腊开始,到20世纪初期美国的经济思想结束。20世纪中期之后的经济学,派别林立,研究方法越来越数学化,使经济学越来越趋向于工程学,其中的伦理成分越来越淡,故不作为本书的讲述内容。

图书在版编目(CIP)数据

    西方经济思想史教程 / 马新文,栗梦源编著. — 西安：西安交通大学出版社,2020.11

    ISBN 978 - 7 - 5605 - 8144 - 6

    Ⅰ.①西… Ⅱ.①马… ②栗… Ⅲ.①经济思想史-西方国家-教材 Ⅳ.①F091

    中国版本图书馆 CIP 数据核字(2020)第 204821 号

书　　名	西方经济思想史教程
编　　著	马新文　栗梦源
责任编辑	史菲菲
责任校对	赵怀瀛
出版发行	西安交通大学出版社
	(西安市兴庆南路 1 号　邮政编码 710048)
网　　址	http://www.xjtupress.com
电　　话	(029)82668357　82667874(发行中心)
	(029)82668315(总编办)
传　　真	(029)82668280
印　　刷	西安日报社印务中心
开　　本	700mm×1000mm　1/16　**印张** 11.5　**字数** 166 千字
版次印次	2020 年 11 月第 1 版　2020 年 11 月第 1 次印刷
书　　号	ISBN 978 - 7 - 5605 - 8144 - 6
定　　价	39.80 元

如发现印装质量问题,请与本社发行中心联系、调换。

订购热线：(029)82665248　(029)82665249

投稿热线：(029)82665379

读者信箱：xj_rwjg@126.com

导　言

（一）

学习经济思想史,除了了解经济思想的内容及其产生、形成过程,更重要的是了解经济思想的传承与演进,努力在前人的思想基础上形成自己的思想,最终学以致用。我们学习西方经济思想史,也应该继承、批判、改造式地学习,为我们的经济建设服务。

本书介绍了西方经济思想史上不同时期的社会经济背景,选择了每一时期具有里程碑意义的代表人物,介绍了其简要生平、主要著作、主要经济思想、贡献与影响。这些经济思想的贡献与影响有的在当时就表现出来,有的在浩瀚的经济思想的演进长河中的某个阶段表现出来,有的一直影响到今天,以至将在很长一段时间内持续引领人类的经济活动,规范人类的经济行为。

古希腊是西方文明的源头,本书具体内容从公元前 5 世纪的古希腊开始,到 20 世纪初期美国的经济思想结束。20 世纪之后的经济学,派别林立,研究方法越来越数学化、工具化,使经济学趋向于工程学,其中的伦理成分越来越淡,故不作为本书的讲述内容。

（二）

学习思想史,是为了凝视永恒。

公元前 5 世纪,古希腊的色诺芬首先使用"经济"一词来思考人类的经济活动,他的经济思想涉及农业、商业、财政、分工等诸多方面。在崇尚战争与政治的古希腊,他高度肯定农业的地位,在当时是难能可贵的,更是成为 18 世纪法国重农思想的主要源头。他的分工思想见解,对 18 世纪的亚当·斯密产生了巨大影响。柏拉图的财产公有思想在人类思想史上产生了非凡的影响,从 16 世纪的托马斯·莫尔,到 19 世纪的空想社会主义，再到马克思的科学社会主义，都是在光大柏拉图的思想。集大成者亚里士多德的经济正义思想是人类经济活动的重要指导。

1—15世纪的欧洲，在基督教神学统治下，在强调救赎的神学思想中，自然会关照到世俗的物质生活。约翰·克吕索斯托认为私有制来自人有缺陷的本性，而且导致了大量的冲突不断，指出富人必须散财才能自救。哲罗姆认为一切财富都有不公平的色彩。安布鲁斯认为大自然把一切产品共同给了一切人，富人的施舍不是馈赠而是义务。圣·奥勒留·奥古斯丁对经济问题做出了广泛而又深入的研究。到了13世纪，著名的托马斯·阿奎那，从基督教教义出发，把现实生活的方方面面纳入神学来说明。他们冲破黑暗，为财富正名，规范高利贷，提倡公平价格，崇尚劳动救赎，这些思想一直影响着欧洲。尤其是劳动救赎思想，孕育了人类永恒的创造精神。

十五六世纪以来，英、法民族国家逐渐形成。

15—17世纪的英国，封建经济逐渐衰落，资本主义生产日益发展起来，商品、货币关系的普遍建立，促进了工场手工业以及对外贸易的发展，重商主义思想应运而生。托马斯·孟超越早期重商主义的货币差额的狭隘思想，提出了贸易差额论，为英国当时制定新的海外贸易法提供了重要的思想依据。其《英国得自对外贸易的财富》一书，被看作"重商主义的圣经"，马克思曾对该书给予高度的评价。威廉·配第的《政治算术》，创立了政治经济学的研究方法，被称为"政治经济学之父"。他的劳动价值学说是马克思劳动价值论的重要思想来源。约翰·洛克的《政府论》首次提出了人人享有平等、自由以及财产的权利。他的财产权与货币思想对大卫·休谟产生了极大的影响。约翰·洛克的思想促进了启蒙运动的发生，启蒙运动将自然法学说发展成了自然秩序论，这一点对法国的重农学派产生了重大影响。

17—18世纪的法国，重农主义思想取代重商主义盛行开来。先驱人物布阿吉尔贝尔率先提出要重视农业的发展，认为农业是一切经济发展的出发点。坎蒂隆继承了布阿吉尔贝尔提出的农业是财富源泉的思想，推动了重农思想走向成熟。他的经济均衡思想特别是关于社会产品分配与流通的均衡分析，成为魁奈《经济表》的直接思想源泉。坎蒂隆的《商业性质概论》开创性地对市场运行机制、均衡、财富及政府行为等方面进行了深入的研究，这部著作得到了杰文斯的极大称赞。魁奈关于自然秩序、纯产品及财富等重大的经济思想，承前启后，他在《经济表》中对社会总产品再生产及流通过程的分析图式，为后来的经济学家提供了新方法、新视角。马克思的两大部类的分析，列昂惕夫的投入-产出表的计量分析，都受到魁奈的启发。杜尔阁的阶级划分以及纯产品学说丰富了魁奈的经济思想，把重农思想推向了顶峰。

18—19 世纪，是英、法两国古典政治经济学蓬勃发展并成熟时期。集大成者亚当·斯密的"经济人"思想，结束了前人关于私人利益与公共利益是否一致的长期争论，指出在"理性人"的前提下，"看不见的手"是人类经济活动中有效的驱动机制。自此，"经济自由"成为经济思想史上一根牢固的思想主线，也是各国制定经济政策的思想指南。李嘉图的比较利益理论，突破了亚当·斯密绝对利益理论的局限，推进了国际贸易理论与实践的跨越式发展。法国的萨伊梳理改编亚当·斯密的《国富论》作为教科书，影响美国长达半个世纪。"萨伊定律"成为供给学派的思想渊源。整个 19 世纪，可以说是英、法古典政治经济学的世纪，无论思想上还是实践中。

19—20 世纪转折期的美国，内战结束，成为世界上经济发展速度最快的国家。此时，美国的经济思想家们发现古典政治经济学是"沉闷科学"，看不到技术的不断进步，其理论观点并不完全适合美国的情况。他们继承了亚当·斯密的经济自由思想，批判了李嘉图的地租理论、利润率下降理论，批判了马尔萨斯的人口理论。凯里认为，在美国土地资源极其充裕的情况下，资本的增长、技术的进步、人口的增长，会加速粮食的增长，粮食是永远能满足人的需求的。三大阶级的利益是和谐的，工农业是互补的，贸易是需要保护的，经济活动是需要政府干预的。乔治更关注财富的公平分配，批判土地私有制。马克思在乔治思想的基础上，进一步发展了土地公有制理论。

19 世纪德国历史学派的经济思想，其研究理念与方法，主要源于德国历史主义传统，更鉴于当时德国经济落后于英、法两国的现实。其先驱人物李斯特，受美国保护主义的影响，特别强调经济生活中的国民性和历史发展的阶段性，批判英国古典经济学忽视经济生活中国民有机体的重要性，是"世界主义"和"个人主义"的经济学，反对古典学派的抽象、演绎的自然主义的方法,主张运用从历史实际情况出发的具体的、实证的历史主义的方法,在经济政策上则主张采取国民主义和保护主义的贸易政策。德国无论新旧历史学派虽然在经济思想上没有明显的建树,在经济理论的构建上也很贫乏,但是可贵的是坚持传统,密切关照德国经济现实,在经济政策的制定上表现出独特的民族性,保护和扶持幼稚产业,使其成为支柱产业,取得了瞩目的经济成就。

20世纪初期的美国,产生并形成了制度学派的经济思想。19、20世纪之交的大转折时期,西奥多·罗斯福的"公平交易",伍德罗·威尔逊的"新自由"政策,美国的进步主义运动,以及20世纪20年代美国经济的自由放任,使现代资本主义的经济和政治统治得到进一步的巩固,推动了20年代美国经济发展的新高峰,由此美国实现了一系列转变:由以自由竞争为主向以垄断为主的转变,由近代农业国到现代工业国的转变,由以农村为主的社会向以城市为主的社会的转变,由早期技术革命向近代新技术革命的转变,由自由放任到局部或部门的国家干预的转变,由大陆扩张到海外扩张的转变。美国快速进入了现代资本主义即垄断资本主义的发展时期,也进入了进步人士反对寡头统治、争取民主和进步与社会平等的时期。制度学派的经济学家吸取德国历史学派的思想观点,采用历史主义、社会达尔文主义和职能主义的方法,批判传统经济学的抽象方法论,批判经济现实中的各种弊端和缺陷,强调社会改良。

(三)

本书没有列思考题,因为如果只列若干个思考题,则会限制读者的思考;如果罗列得细致全面,则显得啰唆和多余。读书学习是自主型、开放型的活动,相信每位读者会自己提问,自己思考,收获自己的思想。

本书适合经济学专业学生使用,也适合非经济学专业学生和经济思想史爱好者学习使用。

感谢白昭、乔路程、何素芳、孟泽洲、权毅博提供了基础的思想史资料。感谢所有参考文献的作者!感谢马克思主义学院的鼎力支持!

编著者

2020年9月

目　录

第1章 公元前5—前1世纪古希腊的经济思想

‧‧‧

　　古希腊经济思想,是伴随着古希腊奴隶制社会的产生和发展而产生和发展的。大约从公元前 12 世纪至前 8 世纪,古希腊开始由原始社会过渡至奴隶社会。在大约公元前 8 世纪至前 6 世纪,古希腊才真正形成了奴隶制国家。然而,当时的古希腊并不是只有一个国家,而是由许多的奴隶主城邦国家构成的,斯巴达和雅典是其中最为主要的两个城邦。斯巴达是奴隶主贵族专制国家,由少数贵族和大奴隶主掌握政权。雅典早期实行贵族统治,后来转为奴隶主民主制国家。虽然古希腊的经济活动基本上是自然经济,存在着大量的农民和小手工业者,但同时,当时的商品、货币经济也很发达,商业资本和高利贷资本都已出现。

　　由于古希腊处于奴隶制社会,故而当时的主导经济思想是奴隶主经济思想,并早在荷马史诗中就有所体现。在古希腊奴隶制国家的形成时期,梭伦(Solon,前 638—前 559 年)进行的改革,集中体现了中小奴隶主阶级的经济思想。梭伦通过取消债务,确认私有财产,允许财产转让和分割,废除贵族特权等措施,维护了中小奴隶主的利益。

　　较为系统的经济思想,是在伯罗奔尼撒战争之后才慢慢形成的。当时古希腊城邦内部危机重重,奴隶与奴隶主之间的激烈斗争不断,奴隶制度中的诸多缺陷日益暴露,奴隶主内部的思想家为了维护奴隶主的统治,在许多方面进行了探索,尤其重视经济的发展及存在的问题,由此产生了许多卓越的经济思想家,其中主要的代表人物有色诺芬、柏拉图和亚里士多德。

色诺芬

生平

色诺芬(Xenophon,约公元前441—前354年),古希腊三大史学家之一,苏格拉底的弟子,涉猎广泛,在历史学、哲学、文学、政治学、教育学、经济学等方面都有高深的造诣。色诺芬出身于贵族家庭,从小受到良好教育。公元前401年,色诺芬经由朋友邀请,参加了波斯国王阿塔薛西斯与其弟波斯王子小居鲁士争夺王位的战争(他作为一名希腊雇佣军,加入了小居鲁士的军队)。小居鲁士在库纳克萨之战中战死后,色诺芬所在的雇佣军的首领也被杀死,于是色诺芬凭借出色的能力成了这只雇佣军的首领。

公元前399年,色诺芬率领他手下军队投靠了斯巴达将军提布隆,并与斯巴达国王阿格劳西斯在小亚细亚率领斯巴达军队与波斯人作战时结下深厚友谊。公元前394年,色诺芬与阿格劳西斯一同回到希腊,但是并没有回到雅典,而是直接去了斯巴达。在这之后不久,雅典人便在色诺芬不在场的情况下对其进行缺席审判,并判决色诺芬终身放逐(这可能是由于在公元前395年科林斯战争爆发后色诺芬反波斯而亲斯巴达的态度有害于雅典的利益所致)。从此,色诺芬与斯巴达结下了不解之缘。阿格劳西斯在斯巴达对色诺芬大加赏赐,于是色诺芬在斯巴达度过了20多年富裕而悠闲的时光。但色诺芬晚年还是回到了雅典并在阿提卡去世。科林斯战争期间,因为色诺芬战功卓著,斯巴达赏赐给他一块位于斯基洛斯的地产,色诺芬由此获得了经营大地产的实际经验。在斯基洛斯期间,他写完了《经济论》一书。

《经济论》是以记录苏格拉底和克利托布勒斯、伊斯霍玛霍斯对话的形式完成的。全书分为两大部分。第一部分,色诺芬首先借苏格拉底之口阐述了农业的重要性,认为农业是国民赖以生存的基础,是希腊自由民的最重要的职业；其次讨论了人们应当如何有效地管理自己的家产。第二部分，色诺芬提出操持家务是妇女的天职，家政训练应该成为女子教育中的特别项目。总的来讲，色诺芬拥护自然经济，反对雅典的商业政策和货币经济的导向。他根据奴隶制自然经济的要求，确定了奴隶主的经济任务，主张把奴隶主的家庭经济管理列为一门专门学问。

色诺芬一生著述甚多，主要有《希腊史》《居鲁士的教育》《居鲁士远征记》《回忆苏格拉底》《斯巴达政体论》《经济论》《雅典的收入》等，内容涉及历史、哲学、政治、经济各个方面。色诺芬的经济思想主要集中在《经济论》和《雅典的收入》两本书中，另外，《居鲁士的教育》《回忆苏格拉底》等著作中也有所体现。

色诺芬被认为是最早提出"经济"一词的人。从词源上看，色诺芬的"经济"(oikonomos)由"家庭"(oiko)和"管理"(nomos)构成，意指"家庭管理"。色诺芬也是最早提出"分工"与"重农"思想的经济思想家。"经济学之父"亚当·斯密深受他的"分工"思想的影响。到18世纪，色诺芬的"重农"思想被法国重农学派著名的思想家弗朗斯瓦·魁奈等人所继承。

主要经济思想

重农思想

重农思想是色诺芬最具代表性的经济思想。色诺芬认为，农业是最愉快和最有益健康的经济部门，自由民不应该不从事农业，而去从事农业之外的那些"粗俗的技艺"。他还认为即使最富足的人也不能离开农业，因为从事农业在某种意义上是一件享乐的活动，既能增加财富也能锻炼身体。农业是所有行业发展的基础，是获得财富、训练士兵、促使社会繁荣的必然途径。色诺芬形象地把农业比作其他技艺的母亲和保姆。因为当农业繁荣发展的时候，其他一切技艺也都随之兴旺发达，而当土地不得不被荒废下来的时候，所有其他行业，无论是水上工作还是非水上工作的技艺也都将陷于衰败。色诺芬认为国家应当积极鼓励和支持农业的发展，把农业视为最重要的产业。

财富思想

在色诺芬看来,"财富"与"经济"是相同的,它们的意义一致。那么到底什么是财富?色诺芬认为,凡是具有使用价值的某物,便是财富。由此他以笛子为例,一支笛子对于会吹它的人来讲是财富,而对于不会吹它的人来说就不是财富;但是,如果不会吹笛子的人,把笛子卖掉,便获得了财富,或者以笛子换得其他有用的物品,那么,笛子也便是财富。色诺芬充分认识到财富是具有使用功能和交换功能的财物,而不是单纯的物质性财产,而且财富具有主观性。可以说,这是主观价值论的萌芽。

分工思想

色诺芬关于社会分工的论述,体现在他的《居鲁士的教育》一书中。他指出,分工程度受城市规模大小的制约。因为在小城市,对一项技艺有需求的人数有限,所以,从事该种技艺的人,很难拥有足够多的顾客,很难获得足够多的收入以维持生计,这样,也就很难把一项技艺做专、做精,从而影响了分工的深入发展。而在大城市就不一样了。在大城市,只从事一种手艺就能够维持生活,因为每一种技艺都能找到足够多的顾客,这样分工会越来越细,技艺会越来越精。色诺芬还指出,一个人虽然具有制造床、门、犁、桌子、房子等多方面的技艺,但不必从事所有技艺。因为一个人从事那么多种技艺,是绝不可能把一切都做好的。所以,一个人做男鞋,另一个人做女鞋。有时,一个人靠缝皮鞋为生,另一个人靠切皮鞋的皮为生。有的人只裁衣,有的人只缝纫。从事最简单工作的人,无疑能最出色地完成这项工作,这是必然的。

色诺芬已充分认识到分工的功效。分工能使强劳动简化,提高产品质量。尤其难能可贵的是,色诺芬还认识到分工程度及功效取决于市场的规模。在大城市里,分工的功效比小城市更为明显。

管理思想

在色诺芬的管理思想中,已经萌发了政府参与、干预经济活动的思想。他在《雅典的收入》中提出了一些关于增加雅典城邦收入的具体办法,其中包括鼓励外国人侨居雅典,授予商人特权,加强对银矿的管理,由国家购买奴隶租赁给个人使用,等等。

在《经济论》中,色诺芬又从微观的角度分析了经济管理的具体方法。

色诺芬认为管理由对物的管理和对人的管理两个方面构成,明确了管理的具体目的以及为达到目的所需要的方法。色诺芬对"管理"的定义是从家庭经济管理出发的,他认为财产管理是一门学问,是一种可以带来经济效益的技艺。掌握这门学问的人,即使自己不拥有财产,也可以"通过给别人管理财产来挣钱"。这里,色诺芬首先肯定了经济管理的经济价值,体现了它对管理的高度重视。

色诺芬认为,对物的管理是财产管理中最重要的部分。对物的合理使用便是对物的有用的管理。一个人如果不懂得如何使用物,对于物就应当敬而远之,那么物对他也就不能算作财富了。关于对物的管理,色诺芬进一步认为,应当把一切物品都井井有条地放在一定的地方。即被管理的物品应当被妥当安置,在需要的时候应当能轻易地找到,这样可以节省人们的时间,同时,井然有序排列的物品也有一种自然的美感。

在对人的管理上,色诺芬强调奖励和惩罚是两个重要的手段。一个好的农场主为达到农场高效出产的目的,必须设法保证农场的农民勤劳并且忠诚。因此,农场主应当经常对农场农民进行鼓励,就类似于战场上的将军,要经常奖励忠诚勇敢的士兵,要随时惩罚狡猾怯懦的士兵。但色诺芬并不是强调单纯的物质方面的奖赏,他更加重视精神方面的作用。色诺芬认为,有效的管理方式应当既重视物质的奖赏,又注重精神的鼓励。

贡献与影响

色诺芬作为最早的经济思想家,他的经济思想涉及农业、商业、财政、分工等诸多方面。他最先提出"经济"这个概念,最先认识到分工的功效。色诺芬提出的分工提高效率的观点直接影响了斯密等近代经济学家。色诺芬关于农业的观点受到法国重农学派代表人物魁奈的高度重视,魁奈把色诺芬关于农业是其他技艺的母亲和保姆的那一段话作为其重要著作《经济表》的题词。

色诺芬的整个经济哲学思想是以人的存在特别是以人的发展为中心的，自觉或不自觉地揭示了经济生活与人的身心健康发展之间的关系，这是色诺芬经济哲学思想的灵魂。事实上，色诺芬经济哲学思想的这一灵魂，构成了今天西方经济学、西方经济哲学思想发展的一个重要维度。

柏拉图

生平

柏拉图（Plato，前427—前347年），古希腊著名的哲学家、思想家，西方思想史上最伟大的哲学家和思想家之一。柏拉图是苏格拉底的弟子和亚里士多德的老师，他们三人以其各方面的突出贡献，被并称为"古希腊三贤"。

柏拉图出生于一个比较富裕的雅典奴隶主贵族家庭，他是当时雅典著名的政治家克里提亚的侄子，并在20岁的时候成为苏格拉底的弟子。柏拉图本来计划继承家族的事业去从事政治事务，但后来发生的一些事使他改变了自己的想法。在雅典与斯巴达进行的伯罗奔尼撒战争中雅典战败，"三十僭主"登上了政治舞台，开始在希腊执政。虽然"三十僭主"仅仅八个月就被推翻，雅典随后恢复了民主制，但是在公元前399年，苏格拉底被雅典以民主投票的方式判处死刑，这使得柏拉图对雅典的民主制非常反感，开始四处游历并不断追求知识。

据说柏拉图在约公元前387年结束游历，回到了雅典，并在雅典城附近的以希腊英雄阿卡得摩斯（Akademus）命名的运动场旁边创立了自己的学校——柏拉图学园。柏拉图学园从开始设立到公元529年被查士丁尼大帝关闭为止，一共存在了900多年。由于学园受到了毕达哥拉斯的影响，学园里的课程在很多方面都与毕达哥拉斯学派的内容相似，包括天文学、算术、声学以及几何学等。

柏拉图的作品是四十多篇对话和十三封书信，其中一些被认为是伪作,但大部分当属柏拉图无疑。早期作品有《申辩篇》《克里托篇》《普罗泰戈拉篇》等,中期作品有《斐多篇》《会饮篇》《理想国》等,晚期作品有《巴门尼德篇》《智者篇》《法律篇》等。在这些作品中,《理想国》是最重要的著作,柏拉图的经济思想就主要体现在其中。

主要经济思想

所有制思想

柏拉图认为私有制会助长人的贪欲以及挑起人们之间的矛盾,而公有制则有助于良好品德的形成,大家由财产共有进而安危与共,从而使城邦兴旺发达。他希望一个国家的大多数人,对同样的东西,能够同样地说"我的""非我的"。柏拉图认为,这种所有制结构有利于城邦的繁荣。所以在这个理想的乌托邦里,哲学家和卫国者这两个阶层都不能拥有私有财产,但自由民阶层不受此限制。对于哲学家和卫国者这两个阶层,国家应该实行彻底的公有制,不仅在财产的所有制方面,而且在个人生活和家庭生活方面,都应该如此,即这两个阶层在妻子、食物、房屋等方面都实行公有。虽然柏拉图在之后的《法律篇》中放弃了完全公有的所有制,允许公民们拥有私有财产,但在财产的分配上仍然坚持平均分配的做法。

商业思想

柏拉图从货币的功能出发,提出货币尤其是铸币只具有交换功能。货币流通只是为人们的日常生活服务,并不具备其他的功用。"在城邦内部,我们是如何彼此交换个人所制造的东西呢?须知这种交换产品正是我们合作建立城邦的本来目的呀。交换显然是用买和卖的办法。于是我们会有市场,用货币作为货物交换的媒介。那些常住在市场上做买卖的人,我们叫他店老板,或者小商人。那些来往于城邦之间做买卖的人,我们称之为大商人。"[①]

柏拉图虽然肯定了商业的存在在一定程度上是应当的,但他仍然

---

① 柏拉图.理想国[M].郭斌和,张竹明,译.北京:商务印书馆,1986:62.

鄙视商业,认为商业是不道德的,强调希腊人不应当从事商业活动。他主张禁止高利贷,出台法律防止商人获得较高的利润。同时,借贷和抵押贷款也是不被允许的,因为这些财产的获得并不是源自劳动,因而是不自然、不正当的。

分工思想

柏拉图继承了色诺芬关于分工的思想,并将分工思想进一步深化。他认为分工的起源是每个人生来的天性禀赋不同,每个人的能力有差别,同时需求也有差别,这些差异的存在就决定了社会生产必须进行分工。如果每个人的工作与他的天赋和能力相近,那么他的效率就必然很高,社会生产力就会比较发达。

同时,柏拉图认为分工也是城市和国家的起源。"由于需要许多东西,我们邀集许多人住在一起,作为伙伴或助手,这个公共住宅区,我们叫它城邦。"[①]即由于对劳务的众多相互需求,大量的人便聚集在一起,城市或国家便慢慢地形成了,城市和国家的经济基础就在于分工和交换,分工和交换满足了居民的各种不同需求。

而在国家的分工层面,柏拉图按照自己的想法,建立了一个他眼中的完美模型——"理想国"。他根据每个人的天性将社会的人分成哲学家、卫国者和自由民三个阶层。哲学家作为理想国之中的统治者,必须知识渊博、品德高尚,具备种种美德,能很好地治理国家;卫国者是保卫国家的战士,他们应当不务劳作,平时严加训练、锻炼身体,担负着保卫国家的责任;自由民便是国家中所有从事经济活动的一般民众,包括商人、农民、手工业者等,他们应辛勤劳作,为社会生产财富,维持社会的正常运行。三个阶层的人们各就其位,各司其职,这样就能实现柏拉图眼中的"正义"。这是分工在国家和整个社会中的完美体现。

贡献与影响

柏拉图从社会整体出发,站在社会生活的角度,给人们的经济活动做出了总领性的规定。

---

① 柏拉图.理想国[M].郭斌和,张竹明,译.北京:商务印书馆,1986:58.

他提出,统治阶层不应当参与到经济活动当中去,他们的个人价值应当在政治生活中实现,不应当去追求与满足自身的物质需要。因此,政治上的统治者不应当拥有个人财产,但自由民阶层如农民、商人等都可以拥有私人财产,因为他们的本性就是逐利的,普通民众这种对于利益尤其是物质利益的追求可以促进生产力的发展和社会繁荣,有助于社会生产大量财富。但民众的劳动果实不应当只满足个人的需要,更应当拿出一大部分来供养统治者和卫国者。柏拉图还预料到民众对于财富的追求会导致较大的贫富差距,因此,他规定每个人的收入中超过平均收入四倍以上的部分应当上交国库,作为公共财产。

柏拉图关于统治者不能占有财富的观点,在现代得到了一定的继承。如现代的政治家应当只领取国家工资,不得以权谋私,为自己谋求财富;政府不能从事与民争利的行业;对高收入者征收较高的所得税并且进行财产的再分配等。这些制度规定都包含着柏拉图思想的种子。

柏拉图的经济思想对西方经济思想史影响深远,极其突出的便是16世纪的托马斯·莫尔的《乌托邦》的出版。

在《乌托邦》一书中,莫尔指出,社会罪恶产生的原因就在于生产资料的私有制。在私有制下,既不可能谈到正义,也不可能谈到社会安宁。每个人尽可能把一切攫为己有,不管社会财富多么充足。一旦这种财富落在少数人手里,其余的人的命运就只有贫困……要建立公正的秩序,就必须铲除私有制。一切局部性的改革,都只是治标的办法,不能根治社会的疾病。由此,莫尔描绘了一幅理想社会的蓝图,即财产公有,共同劳动,生产资料按需分配,这样人们就能拥有幸福的生活。

到了19世纪,涌现出圣西门、傅立叶、欧文等空想社会主义思想家,他们都主张财产公有,消灭生产资料私有制。马克思继承了空想社会主义思想家的观点,提出共产主义社会应该实行财产公有制,人们各尽其能,按需分配的观点。可以说这些思想都来自柏拉图。

亚里士多德

生平

亚里士多德(Aristotle,前384—前322年),古希腊伟大的哲学家、科学家和教育家,被称为希腊哲学的集大成者。他是柏拉图的弟子、亚历山大的老师。

亚里士多德于公元前384年出生于色雷斯的斯塔基拉,一个与马其顿相连的希腊殖民地。他的父亲是马其顿国王腓力二世的宫廷御医。大约在公元前367年,他移居到雅典,并于公元前366年被其父送到雅典的柏拉图学园学习,并在此待了20多年。

柏拉图去世后,亚里士多德在雅典继续待了两年。亚里士多德无法忍受学园的接任者对柏拉图哲学中的数学倾向的赞同,便离开了雅典。此后,他开始游历各地。

公元前343年,亚里士多德受到马其顿国王腓力二世的邀请,到马其顿宫廷给当时年仅13岁的亚历山大做老师。公元前336年亚历山大即位后,仍很尊重亚里士多德,为其研究提供帮助和方便。但亚里士多德对其扩大希腊化政策和处死自己的侄子不满,于是在公元前335年回到雅典,并效仿他的老师柏拉图,建立了自己的学校——吕克昂学园。由于亚里士多德讲课时习惯于边讲课边与其弟子们漫步于走廊和花园,因此,亚里士多德及其弟子被人们称作"逍遥学派"。马克思曾称亚里士多德是古希腊哲学家中最博学的人物,恩格斯称他是"古代的黑格尔"。

公元前323年,亚历山大死后马其顿王国迅速衰败。当亚历山大去世的消息传到雅典时,对马其顿不满已久的希腊人立刻开始反抗马其顿。同时,由于亚里士多德与亚历山大的师生关系,雅典人便对亚里士多德也大肆攻击,并判他不敬神罪。亚里士多德最终逃出了雅典,于一年后去世,终年63岁。

作为一位百科全书式的科学家,亚里士多德著作等身,几乎对每个学科都做出了巨大贡献。他的写作涉及伦理学、形而上学、心理学、经济学、神学、政治学、修辞学、自然科学、教育学、诗歌、风俗，以及雅典法律。亚里士多德的著作构建了西方哲学的第一个广泛系统，包含道德、美学、逻辑和科学、政治和玄学，影响最大的是《形而上学》和《政治学》。此外，《工具篇》和《尼各马可伦理学》也有着深远的影响。而他的经济思想则主要体现于《政治学》中。在这本书里，亚里士多德探讨了财富、交换、货币等经济思想的基本问题。

主要经济思想

关于财富

关于财富，亚里士多德在一定程度上赞同柏拉图的观点，他也反对过大的贫富差距，认为贫困会带来争斗和恶行。但他并不像柏拉图那样主张财产公有，也不限制每个人所拥有的财富的数量，而且认为每个人拥有的财富的多少不能作为判断一个人善恶的标准。财富本身并无善恶之分，只是使用财富的人和使用财富的方式有善与恶的差别。亚里士多德还进一步指出，拥有充裕、丰富多样的财产是善的，因为充足的财富不仅可以维持社会的正常运转，而且还能在城邦面对威胁时有充足的应对能力。但是，城邦对财富的追求也不应当是无穷无尽的，这是因为，如果城邦的财富多到一定程度，便会引起外邦的觊觎和抢夺，这便不利于城邦的安宁与稳定。亚里士多德认为财富的最佳额度应该是这样的，即最强大的邻邦不会因你的财富过分充裕而发动战争来掠夺，也不会因为你的财富过少而随意来侵犯和欺凌。

对于城邦来说，财富的数量应当被限制在一定的范畴之内，那么对于城邦中的每个人来说，拥有多少财富算最为恰当？对此，柏拉图认为，为了避免争斗，人们应当共有财产，实行绝对的平均制度。亚里士多德却不这样看，他认为尽管平均财富是防止公民争端的方法之一，但可以说效果并不大，由于人类的贪欲永无止境，从而欲望比财产更需要平均。平均欲望其实就是节制欲望。亚里士多德所采用的方法就是建立制度以教化民众，如果制度不能提供真正的教育，那么财富问题便永远不可能得到解决。所以,建立教育制度最重要的任务是规引本性贤良的人不求多,抑制卑贱的人想索取更多。

关于交换

亚里士多德认为,交换的产生是由于剩余物的存在。人们生产出的东西只有在满足自身的需要后,才会拿出多余的东西进行交换。虽然每个人对用于交换的物品的个人评价不同,但交换的结果一定是对交换双方都有利的。

亚里士多德还指出,交换是社会分工的结果。在《政治学》一书中,亚里士多德分析道:交换,对于第一共同体(即家庭)来讲,显然无用,而当社会共同体形成以后,它就变得有用起来。因为,家庭成员本来共同拥有一切,无须交换,但后来分家后,各分支便各自拥有了许多物品,而且不同的分支可能拥有不同的物品,这样,他们为了满足需要,便必须且可以用一些物品来交换另外一些物品。这种物物交换是自然的,它对于满足人们的自然需要是必须的,其他形式的交换都从这种交换中演化出来。

关于货币

货币是交换的媒介。亚里士多德把货币的起源归因于交换,认为正是由于交换的发展才促进了货币的产生。货币作为交易的媒介,它本身必须是一种商品,同时,由于货币能够衡量其他商品的价值,所以,在交换中,它充当并发挥价值尺度的功能。亚里士多德还通过对人们关于金、银的储藏偏好的分析,判断出货币具有贮藏手段的功能。

亚里士多德不仅发现了货币的价值尺度和贮藏手段的功能,还对货币的性质进行了研究,并区分了货币与财富。他认为,财富是能够满足人们某些实际需求的物品,而货币则是如金、银一样的金属品,对人们的生活并无实际的直接的用途。所以,货币并不是自然意义上的财富,而是法律规定的和人们约定俗成的财富。进一步来讲,货币是非"自然"的,只是交易的媒介,故而,亚里士多德反对用货币去赚取利息。

贡献与影响

亚里士多德是古希腊思想的集大成者,他的思想对西方文化的根本取向以至文化内容产生了深刻的影响。在上古及中古时期,他的著作被译成拉丁文、叙利亚文、阿拉伯文、意大利文、希伯来文、德文和英文。他的哲学思想是中世纪基督教思想和伊斯兰经院派哲学的支柱,他的经济思想也极具代表性,亚里士多德对许多经济问题的思考具有开创性,后世的经济思想都是在他所开辟的道路上向前发展的。他关于价值形式的研究以及货币功能的分析被大量后来的经济学家所接受。熊彼特曾说19世纪的教科书所列举的货币的四种传统职能(第四种职能作为延期的标准),有三种都可以追溯到亚里士多德那里。

同柏拉图一样,亚里士多德认为城邦高于公民,但是他同时也主张人有自己的权利,要求实现城邦和公民利益的平衡。他还确立了公平的正义和交换的正义的均衡正义原则。一方面要求对于不同出身、财产、地位、能力的人要平等对待,另一方面要求对于特殊的人群也要给予特殊的对待。为此他非常推崇民主制和君主制的结合,在立法上实行民主制,在行政上实行君主制。他希望借此在维护城邦整体利益时能够保证公民的各种利益,并提出了分权学说。亚里士多德著作中关于财富、交换与货币等方面的内容,是西方经济思想史上的重要支柱。当代西方国家所施行的财政政策、货币政策、市场理论、边际效用理论等内容,大都是亚里士多德经济思想的延伸与扩展。

针对经济匮乏问题,柏拉图实行的是严格的管理制度,倡导放弃财产。亚里士多德提倡节制,并把节制提升为美德。随着城邦的被征服,旧秩序的崩溃,古希腊的新哲学新思想出现了,诉诸穷人与被剥夺者的利益,不再是柏拉图与亚里士多德的贵族立场与观点。

犬儒派奠基人第欧根尼(约公元前412—前323年),代表了新思想的极端类型,重估一切价值,认为爱钱是万恶之源,采取了狗的名称和生活方式,弃绝文明和基本的生活设施,以抑制欲望和放弃占有财产,达到"免于匮乏"的目的。

斯多葛派,其第一个奠基人是芝诺(约前336—前264年),第二个奠基人是克吕西普(前280—前207年)。斯多葛派最初是犬儒派的一支,认为仅有一种善,即德行及其实践。德行意味着不带任何感情,而且只有德行及其实践才能保证获得幸福,亦即鄙视世俗利益。斯多葛派在其漫长的进程中,逐渐接受了对财产的关注和获取,但对财产的关注和获取不是为了财产本身,而是认为对财产的占有和追求有助于人类智慧这一美德的养成。克吕西普说过"智慧的人会为足够的酬金翻上三个筋斗"。斯多葛派的自然法概念通过罗马法传给了后代。罗马法直到如今依然是欧洲大陆及拉丁美洲"大陆法系"的思想源泉。罗马法对"英美法系"的影响虽然较小,但也绝不是微不足道的。罗马法强调财产是自然法规定的,这一点,在13世纪被英国律师布莱克顿认可,在17世纪被英国伟大的哲学家约翰·洛克在其著作《政府论》中发扬光大。

伊壁鸠鲁派,像犬儒派和斯多葛派一样,不是通过增加供给而是通过减少对物质的需求来解决匮乏问题。伊壁鸠鲁(前341—前270年)告诫他的学生,平静和安全是幸福生活的关键,要避免任何引人注目的财富,要摆脱对政治的参与,去过一种退隐的生活,享受心灵宁静的快乐。伊壁鸠鲁派崇尚俭朴而又节制的生活,目的就是要抵制奢侈生活对一个人身心的侵袭,坚守快乐是生命的目的。其学说广泛传播于希腊和罗马世界,长达4个世纪之久。

第 2 章　1—15 世纪欧洲的经济思想

　　公元 1 世纪上半叶，基督教便在罗马出现并迅速传播到罗马各个地区。基督教继承了早期犹太教的一些教义，特别是一神教的观念，强调所有人都是上帝的儿子，都是其他人的兄弟，这使得基督教对罗马人和罗马帝国以内的人产生了强大的吸引力，尤其是获得遭罗马统治者压迫的奴隶和广大平民的信奉，他们主张人人平等、尊重穷人、财产公有等。

　　犬儒派的禁欲主义思想，斯多葛派的自然法概念，伊壁鸠鲁对人类的爱的思想，在基督教的教义中，即使不是完全被履行，但也可以找到亲缘关系。随着时间的流逝，上帝之国的来临遥遥无期，人们依旧不得不继续生活在现实的世界里。终于，人们认可了对生产活动的需要。

　　公元 1 世纪结束时，亚历山大的神学家克雷芒深谙雅典的哲学传统，主张必须隐喻式的而不是字面意思地解释《圣经》，如富人散财救赎不只是外在的行为而主要是灵魂的洗涤，从内心摆脱对财富的依恋和渴望。变成穷人本身并没有特别的价值。如果所有的人都放弃财产，那就不可能实践乐善好施的德行了。财富是上帝的礼物，用于增进人类的福利。财富是个工具，能被用对也能被用错。富人要正确地使用财富。但是，有些基督教早期作家依然强烈谴责财富和私有财产。约翰·克吕索斯托（约 347—407 年）认为私有制来自人有缺陷的本性，而且导致了大量的冲突，指出富人必须散财才能自救。哲罗姆（约 342—

420 年)认为一切财富都有不公平的色彩。安布鲁斯(约 339—397 年)认为大自然把一切产品共同给了一切人,富人的施舍不是馈赠而是义务。富人结清了贷款,穷人得到应得的东西。这一时期,对经济问题做出最广泛研究的是圣·奥勒留·奥古斯丁。

在西罗马帝国灭亡之后,欧洲进入了中世纪。这一时期,占统治地位的意识形态是基督教神学,它在西欧中世纪的各知识领域有至高无上的权威,表现形式是经院哲学。经院哲学,便是借哲学的形式,来论证基督教神学。经院哲学家们假借上帝的名义,从基督教教义出发,把现实生活的方方面面纳入神学予以诠释。在这期间最著名的人物便是托马斯·阿奎那。

奥古斯丁

生平

圣·奥勒留·奥古斯丁(Saint Aurelius Augustinus,354—430年),欧洲古罗马时期神学家、天主教思想家,宗教世界观的虔诚宣扬者,中世纪教父哲学的重要代表人物。他被罗马天主教封为圣人和圣师。奥古斯丁生于罗马帝国北非努米底亚省的塔加斯特(今阿尔及利亚的苏克阿赫腊)。

奥古斯丁是教父思想的集大成者。他的著作堪称神学百科全书,包括自传、200 多封书信、近 400 篇布道词、早期的哲学对话、《上帝之城》等辩护词、大量的辩论、《圣经》的注释、《论三位一体》等专论,总字数可能达到五六百万。他的著作在欧洲广泛流传,并成为之后教会的历史财富。奥古斯丁的经济思想主要体现在《上帝之城》一书中。

主要经济思想

财产思想

奥古斯丁作为经院哲学的集大成者,他的财产思想深受经院哲学的影响。他认为,财产是上帝对人类的赠予。这就指出了财产的来源问题。但在他看来,财产虽然是好东西,但不是最好的,它应当只被视为一种手段。因此,他主张人们干脆不要拥有财产。同时,他又提出,私有财产是完全合法的。这表明奥古斯丁对财富的态度是困惑的。在公有财产和私有财产方面,他认识到了两者之间存在着无法调和的冲突。对此,他又提出,私有财产是国家的创造物,国家有权夺回并把它变成公有财产。

劳动思想

早期基督教会对劳动与经济活动采取一种无关紧要的态度。奥古斯丁意识到这些传统观念显然违背现实,必须加以改变,他在注释《旧约·创世记》时写道,在上帝创造世界时,就要求人类劳动。上帝将乐园交给人类,要人类"保卫它,耕种它"。那时的劳动不是负担,而是一种快乐。上帝所创造的万物也会因人类的劳动而显得欣欣向荣。

他认为只从事精神活动而不从事体力劳动,乃是懒惰的标志。在《论僧侣的劳动》一文中,他斥责僧侣们引用《圣经》福音书中的话来为自己的闲散辩护。他批评道:"圣·保罗已经说过'不劳者不得食',你们引证鸟儿干什么呢?它们没有装满了谷物的谷仓,而你们却想什么都不干,就得到满仓的粮食……靠双手劳动来养活自己的这一本分是使徒留下来的不可破坏的戒律。"

奥古斯丁认为,体力劳动应当受人尊敬,所以木匠、铁匠、鞋匠的劳动都是正直的。但是在所有行业的劳动中,他认为参与农业的劳动活动是最荣耀和最高尚的。

贸易思想

奥古斯丁崇尚的思想必然引起对商业的排斥,但他却对小商贩较为同情和理解,认为这种以糊口为生的行业情有可原,但这仍然掩盖不了他对商业的敌视态度,特别是以营利为目标的大商业。他说,商人的职责在于贱买贵卖、低买高卖,这种行为显然是不正当的。因此,奥古斯丁主张一切正直的人都应该反对它。就贸易而言,他将贸易和贸易者进行了区分。奥古斯丁认为,贸易是人们互通有无的一种商品交换方式,是将物品运送到被需要的地方,是有益于社会的,因而应当获得一定的报酬。但贸易者却经常卑劣地使用某种手段专门牟取贸易利润，这是不道德的，他们不应该有额外的报酬。由此，在奥古斯丁看来，贸易如果能够抛弃一切不正当的获利手段，仍不失为一种值得尊敬的行业。

公平价格思想

对"公平价格"概念的解释，是奥古斯丁对后世经济学的一大贡献。这个词最早出现在罗马法和罗马法学家的著作中，指的是某一时期的价格若是不受市场变动的影响，并且参与市场交换的人们也按照这个价格进行交易，那么这个价格便是公平价格。奥古斯丁沿用了这个概念，认为人们会自动根据公平价格进行贸易。鉴于当时商品货币关系并不发达，奥古斯丁没有进一步地探讨公平价格的内容，但他的公平价格思想还是为中世纪教会作家、思想家们所继承并进一步发展。

贡献与影响

奥古斯丁的思想表明，他并不完全否定财富，相反，肯定了财富在人类的现实生活中具有物质和精神方面的积极意义，并且只要是在合理的目的以及合理的限度之内追求及使用财富，都是正当的。

奥古斯丁坚持所有的人都是平等的，没有等级之分，反对以财富多少划分等级，区别对待。人们本着多劳多得、少劳少得的原则，勤恳劳作，诚实生活，以一种平等的姿态获得各自的幸福。这样的平等观就现实地扩大了基督信仰的受众面。无论是达官贵人，还是平民奴隶，奥古斯丁对他们都会进行传播。

奥古斯丁不仅提出了种种新的经济思想，而且，更重要的是他将自古希腊以来的狭小的视野扩大了。色诺芬和亚里士多德只关注到城市乃至城邦国家，而奥古斯丁却关注到建立在共同利益基础上的一个种群。

奥古斯丁的经济思想也反映了当时欧洲从奴隶制社会向封建制社会过渡过程中统治阶级的利益与要求，他对劳动、贸易和公平价格的论述对后世经济思想的发展都产生了重要的影响。

阿奎那

生平

托马斯·阿奎那（Thomas Aquinas，约1225—1274年），中世纪最著名的经院神学家、哲学家和多米尼克教派的主要代表，被教会封为"圣徒""教义师""神学的泰斗"。

阿奎那出生于意大利那不勒斯附近的一个伯爵家庭。早年在蒙特·卡西诺修道院和那不勒斯大学学习。20岁时不顾家人的强烈反对，加入了多米尼克教团，并被派往巴黎跟从当时著名的神学家亚尔贝兹·马格努学习哲学。1252年，他开始在巴黎四处讲学，并于1259年担任罗马教廷的神学顾问与讲师。1269年，他回到巴黎，参加了奥古斯丁主义与亚里士多德主义之间的论战。1272年，他又回到意大利，主持那不勒斯多米尼克教团的研究室工作。1274年3月7日，他在赴里昂参加宗教会议的途中去世，终年不满50岁。

阿奎那的著作很多，最著名的便是《神学大全》，这是整个中世纪哲学的集大成之作，成功地将基督教的神学思想和亚里士多德的哲学融合在一起，建立了庞大的经院哲学体系。阿奎那的经济思想也主要体现在《神学大全》一书中，主要论及财富、公平价格、高利贷等问题。

主要经济思想

财富思想

原始基督教教义以及早期一些神父们都坚持财富公平的思想。例如，《圣经》有云，富人要进天堂比骆驼穿过针眼还难。4世纪末的神父耶罗尼莫说过，富人要么自己就是不义之人，要么是不义之人的继承人……财富是对穷人的掠夺。但到了13世纪，教会本身已经积累了相当大量的财富，于是，便对财富的态度也渐渐改变，试图对他们所持有的财富做出合理的解释。

阿奎那是教会的代言人，为了适应这种变化，他从理论上对原始基督教教义做了原则上的修正。他从自然法出发,指出私有财富并非来源于自然法,因为从性质上讲,一切财富都属于上帝。但他又肯定了私有制的存在具有必要性和优越性。他指出,私有制的存在是因为自然法并不完善,而人类创造私有制是对自然法的一种补充,人类创造私有制与发明衣服御寒一样是再自然不过的事。于是,教会占有财富也是正当的,是符合上帝的意志的。

当阿奎那使用财富这个概念时,通常是指实物而非货币。他认为,财富有自然财富与人为财富之分。土地、牲畜、食物属于自然财富,而金钱属于人为财富。人不应当把追求金钱作为生活的目标,而应当顺从自然,追求自然财富。自然财富才是正常的,是人们幸福生活的前提条件。国家应当自给自足,所需的产品都应当来自本国的土地,而不是来源于商人的贸易。阿奎那主张的主要是一种自给自足的封建经济。

公平价格思想

虽然"公平价格"一词早在古罗马法乃至亚里士多德的著作中便可以见到,但直到中世纪中期才被人们所重视。几乎所有中世纪的著作家们在谈论经济问题时都离不开"公平价格",这已经不单纯是价格问题了。

对于阿奎那而言,公平价格是阿奎那承认商业合法的前提。阿奎那把公平价格归结为与人类劳动所耗费的劳动量相符的价格,即商品与商品、商品与货币之间的均等。一种物品的公平价格就是它的所值,按照高于该物品之所值卖出或低于该物品之所值买进都是不公平和不合法的。但他又从等级制的观点出发,认为把同一件商品按照不同的价格卖给等级不同的人也是"公平"的,公平价格要使卖主能获得"相当于他的等级地位的生活条件"。

为了论证这个观点,阿奎那将价格看作一个主观范畴,即把公平价格同物品的效用联系起来。在他看来,公平价格并不固定,而是由人们对某种物品给自己带来的效用的大小来评定。就是说,可出卖的物品的价格,不是取决于它们在自然界中的地位,而是取决于它们对人的用处。阿奎那还从供求关系角度出发,对公平价格做出了一种解释。他举例,当一个卖主把小麦拿到粮价较高的地方去卖时,发现同时还有很多人都带来更多的小麦,这时这个地方的小麦价格自然会下降,但卖主得到的价格仍是公平价格。

货币思想

阿奎那的货币思想与他的公平价格思想是紧密联系的。由于商品的交换是基于公平价格的,那么货币仅仅是交换的中介,起着辅助作用,是不能作为社会财富的代表的。阿奎那在这里继承了亚里士多德的观点,即货币是由交换创造的,人们发明货币只是为了用货币价格对价值进行衡量,具有货币名目论的倾向。并且根据阿奎那的观点,统治者有权制造货币并规定货币的购买力,也有权降低货币的成色,减轻货币的重量。

高利贷思想

在中世纪早期,教会一直对利息尤其是高利贷抱着严厉谴责的态度,甚至通过特别决议严禁放高利贷,并将放贷者逐出教门。但到了阿奎那时代,随着商业活动的扩大与借贷现象的增多,甚至教会也积极地参加到高利贷活动中。为此,以阿奎那为代表的神学家不得不对禁止高利贷的教规做出新的解释。一方面,阿奎那指出放贷是一种不正当的罪恶活动,贷出货币而收取利息,就本身来说是不公正的。他引用了亚里士多德"货币不能生育货币"的说法,认为单纯债务偿还的延迟不能作为应当增加偿还数额的依据。但另一方面,由于当时借贷行为的普遍性,阿奎那又认为放债取利有一定的合理性,特别指出在以下两种情况下可以收取利息:一种情况是出借人由于出借而蒙受了损失;另一种情况是出借人以合伙形式把货币委托给商人或手工业者,在出借人有丧失本金的风险时,货币所有者可以索取一定的利息。

贡献与影响

13 世纪,西欧商业活动与经济活动日益繁荣,许多新的现实问题不断出现,并不断冲击着旧的基督教教义。阿奎那运用前人的卓越思想,为当时教会的诸种经济行为辩护,他的一系列经济思想不仅满足了当时教会统治的需要,而且也适应了当时社会发展的要求。同时他提倡人们应当遵守教会的教义并按照统治者制定的法律行事,或者在统治者认可的情况下,依照习惯、惯例规范彼此的贸易往来,以实现个人的幸福。

阿奎那作为中世纪基督教理论的集大成者,他对中世纪经济思想做出了完全和权威的陈述。阿奎那的经济思想,包括肯定私有财产制度、维护公平价格和禁止高利贷等,这些思想构成了中世纪经济思想的核心。而他有关"公平价格"的思想影响了欧洲几百年,一直到19世纪。甚至有人认为,公平价格理论是中世纪经济思想最大的贡献。

据西方著名经济学家熊彼特的研究,阿奎那的经济思想对古典经济学大师亚当·斯密有着直接的影响,其影响甚至超过重商主义。而对于熊彼特本人,他的价值论便很类似阿奎那的观点。可以说,阿奎那的经济思想不仅是中世纪西欧经济思想的核心,也是后世经济学家经济思想的重要来源。

第3章 15—17世纪英国的经济思想

  15世纪末16世纪初,英国发生了"圈地运动"。至16、17世纪时,英国各阶级的贫富差距急剧加大,社会动荡不安,农民起义接连不断。1549年冬,诺福克郡发生了凯特起义,这是一场规模巨大的反圈地运动;1607年,密德兰也爆发了大规模的农民反圈地运动。1641年,爱德华·卡拉米在演讲中曾说,贫穷的人与富裕的人之间的冲突导致了这个国家充满危机,富人指责穷人贪婪懒惰、偷盗成性,穷人反驳富人说他们傲慢无礼、没有同情心。霍布斯认为只有"利维坦"式的国家才可以解决他们之间的矛盾,才可以使社会重新和睦。在这种情况下,一种控制机构——民族国家应运而生。

  民族国家兴起以后,首先要做的是集中中央权力,当然在一定程度上也损害了封建、等级会议以及基督教会的利益。在"大宪章"以来,英国就认为法律是高于一切的,包括国王也要遵循法律,不可以凌驾于法律之上。这一认识有效地阻碍了君权神授等绝对主义思想的传播,使英国国王的权力受到一定的限制。这个时期,封建经济逐渐衰落,资本主义生产日益发展起来,商品货币关系普遍建立起来,同时也促进了工场手工业以及对外贸易的发展,重商主义思想应运而生。17世纪中期发生的光荣革命(1640年)是一场资产阶级革命,确立了资产阶级的统治地位,为资本主义的发展扫清了道路。随着民族国家的建立与发展,重商主义思想得到了快速的传播,到16、17世纪,它的发展达到了顶峰。

重商主义思想可以分为两个阶段,即早期重商主义与晚期重商主义。

早期重商主义认为金银货币代表一个国家的财富,所以应该少买多卖以保证货币差额为正,并且认为经济活动应该受到国家政府的干预,应该严禁商品输入以防止金银货币流出而导致国家金银货币的减少,同时强调应该贮藏更多的金银货币。其代表人物为英国的威廉斯·塔福。

晚期重商主义形成于 16 世纪下半叶到 17 世纪,虽然也坚持贸易差额论,也强调多卖少买,但却明确指出金银货币既是目标也是手段,提倡通过对外贸易实现出超,以增加国内货币流入量,进一步刺激并带动国内生产。其代表人物是托马斯·孟。

17 世纪晚期,新古典政治经济学开始兴起,其代表人物为威廉·配第和约翰·洛克。

这里主要介绍晚期重商主义代表人物和新古典政治经济学代表人物的经济思想。

孟

生平

托马斯·孟(Thomas Mun,1571—1641 年),英国晚期重商主义的代表人物,做过东印度公司的董事。其主要贡献是提出了贸易差额论。

16 世纪,英国早期重商主义色彩仍然比较浓厚,他们禁止金银货币输出,并且对东印度公司在对外贸易中大量输出金银货币的做法进行了批判。孟整理了当时对东印度公司的反对意见,主要包括以下四点:①东印度公司在进行对外贸易时,带走了英国大部分的金币,但是买回来的东西都是英国不需要的商品。②东印度公司每年都会制造大量的船只,这样做只会浪费更多的原材料和导致物价上涨。③东印度公司在进行对外贸易时会损害传统的商业与航运业。

④东印度公司在进行贸易时将大量的金银货币带出去,会影响国内造币厂的正常运行。孟为了维护东印度公司的利益,对早期重商主义思想进行了反驳,写了《论英国东印度贸易:答对这项贸易的常见的各种反对意见》。

孟的对外贸易的经济思想主要集中在《论英国东印度贸易:答对这项贸易的常见的各种反对意见》一书中,重点对反对意见进行了反驳。孟认为东印度公司在对外贸易时会用金银货币购买东印度的商品,这些商品对英国而言可能是不重要的,但是如果再将这些商品经过对外贸易,转卖出去后换回的金银货币会比之前的多,所以对外贸易对英国的经济还是有利的。该书的出版,在社会上引起了一股思潮,引起了立法者对这方面的思考,对该国的立法产生了深刻的影响。到了 1630 年,孟将《论英国东印度贸易:答对这项贸易的常见的各种反对意见》改为《英国得自对外贸易的财富》,此书于 1664 年由他的儿子负责出版。

主要经济思想

贸易差额论

早期重商主义者认为,衡量一个国家的富裕程度就是看该国的金银货币量的多少,当该国的金银货币增加时,那么这个国家的财富就会增加。不同于早期重商主义者,孟作为晚期重商主义的代表人物,虽然也同意货币是财富的唯一代表,对外贸易是货币的唯一来源,但他要求允许货币输出。他认为,货币的存在导致了贸易的产生,而且贸易的产生会使得该国的货币增加。他以自己的经历为例进行了说明。他曾经向土耳其王公楚迪南的一个公爵借了一万镑,在土耳其经营贸易活动,最后获取了更多的金银货币。孟认为,获得货币是最终的目的,但是货币也是获得更多货币的手段。而且随着投入的流通货币的增加,最后获得的货币数量就会越多。他将这个过程看作和耕种过程一样的活动,如果想获得更多的粮食,就需要更多的种子。不能看到农夫将种子撒在地里,就认为他是一个疯子。而当收获的时候,他收获到很多粮食,那么他的辛勤劳动就得到了回报。所以,金银的输入输出过程就像是耕种一样,如果禁止对外贸易中金银的输出,就不会得到更多的金银。孟认为在进行对外贸易的过程中,最重要的是实现贸易差额,而不是货币差额。孟在《英国得自对外贸易的财富》中曾经说过,通过对外贸易可以增加该国的财富,重要的做法是,要保持卖给外国人的商品的价值比购买外国人的商品的价值多。

所以,孟认为应该将金银货币投入有利的对外贸易中,完全不用将货币储藏起来,而且只要好好经营贸易活动,在贸易活动中使卖出商品的价值大于购买的外国商品的价值,那么英国就会得到更多的财富。他强调进行对外贸易活动是获得金银财富的唯一途径,并且只有在对外贸易活动中获得的财富,才会真正留在英国,给英国带来真正的财富。孟的一系列观点表明了孟对对外贸易的重视以及对货币财富的认知。

政府干预论

孟认为,为了保证贸易顺差,必须加强政府干预,为此,他提出了一系列的措施:①扩大进口替代品的生产。孟以农产品为例,在英国的农产品带来的收入保持不变的情况下,可以继续开发一些荒无人烟的土地,在这些土地上可以耕种一些需要进口的商品或者生产这些进口商品的原材料,例如亚麻、绳索以及烟叶等,同时要减少对这些商品的进口,这样可以实现贸易顺差。②扩大出口品的生产。孟认为,进行贸易时不仅要看自己富余的商品,还应该注意别的国家的需要,生产一些他们所需要的货物。③降低出口商品的价格。孟认为应该尽量降低竞争性商品的价格,这样有助于扩大销路,增加产量。这样做虽然会使私人暂时蒙受损失,但是对于整个社会而言,长久的利益会超过暂时的损失。④实行有差别的关税政策。孟认为,在商品出口方面,应该尽量减少关税,鼓励出口。对于输入的外国商品,应该根据情况分别征税,如果输入的商品的最终目的是在国内进行消费,那么应该征收比较多的关税,但是如果输入的商品是为了再出口,那么就应该征收较轻的关税。⑤注重远洋贸易。对外贸易的规模必须扩大,不仅要与临近的国家进行贸易活动,还要与遥远的国家进行贸易活动,例如遥远的亚洲的一些国家。而且远洋贸易有助于扩大航海业的规

模,从而获得更多的利润。⑥注意增加无形的收入。孟认为在国际
收支项目中,一些非商品性的无形收入,也可以影响国际收支平衡,
诸如运费、保险、旅游开支等。他主张远洋贸易以及鼓励外国人到英
国旅游,以增加无形收入。

贡献与影响

孟是英国晚期重商主义的主要代表,他的思想不仅对英国产生了
极大的影响,而且促进了当时欧洲一些国家的经济思想的发展。早期
的重商主义思想表现为对金银的绝对追求,而孟的经济思想超越了早
期的重商主义思想,具有相当的进步性,促进了英国资本主义的发展,
也促进了欧洲其他各个国家资本主义的产生与发展。

孟以自己比较开阔的关于世界贸易的思维,批判了早期重商主义
理论的狭隘性。孟主张在英国建立牢固的商品生产基地,他认为只有
建立强大的工业生产基地,才能为出口源源不断地提供大量商品。孟
的思想观点为英国当时制定新的海外贸易法提供了新的思想根据,同
时也为促使英国发展自己的海外贸易、跃居世界最大的贸易强国的地
位,提供了重要的理论支持。

孟的《英国得自对外贸易的财富》一书,在历史上占据着重要的地
位,被看作"重商主义的圣经"。马克思曾对该书给予很高的评价,赞扬
该书批判了当时在英国作为国家政策还受到保护的原始的货币制度,
认为该书代表重商主义体系对于自己原来体系的自觉的自我脱离……
并且对立法产生了直接影响。事实上,孟的《英国得自对外贸易的财
富》不仅对英国,而且对许多其他重商主义国家的立法、制度都产生了
重大的影响。孟的贸易差额说促进了当时英国贸易的发展,从而进一
步促进了英国经济的发展。他在贸易政策中的一些建议,如增加无形
收入、扩大出口商品的生产等,在当今的世界贸易中仍有一定的实际意
义。孟在近代经济思想史上取得了巨大的成就。

配第

生平

威廉·配第（William Petty，1623—1687年），英国古典政治经济学的创始人。配第出生于英国一个小手工业者家庭，年轻时在皇家海军工作，后来去了法国，曾在法国一个教会学校学习拉丁文、希腊文、法文、数学和天文学等。1640年，配第返回英国，1643年议会与国王发生内战时，他逃亡到荷兰与法国，在法国结识了托马斯·霍布斯，这对他的世界观和方法论的形成起了很大作用。后来他在牛津大学学习医学，1649年获医学博士学位，并在牛津大学等校任解剖学教授和音乐教授，后被委派为爱尔兰土地分配总监。他还经营过铁厂、铅厂、渔场和木材贸易事业。1658年，他被选为国会议员；1662年，成为英国皇家学会会员；1668年，查理二世复辟后，被封为男爵。到晚年时，他变得非常富有。

因为从事多年的测量工作，配第对地租与税收问题十分熟悉。同时，因受到培根和霍布斯的影响，配第认为知识不能空谈，必须用来解决实际问题。哈维的血液循环学说也给了他极大的启发。故而，配第认为，国家的政治、经济问题都可以精确测量，也像解剖一样，可以仔细剖析，在此基础上，通过演绎推理或者实践检验就可以得出科学的结论。

其著作主要有：①《赋税论》（1662年）。这是西方最早的赋税理论专著，奠定了英国古典学派赋税理论的基础。②《献给英明人士》（1664年）。在书中，他认为如果可以根据人口情况、国外贸易情况等因素做出正确的估计，并用正确的方法按照恰当的比例来征税的话，那么不平等的现象就会消除。③《政治算术》（1672年）。在该书中，配第运用独创的应用算术的方法对英国经济状况进行统计与预测。④《爱尔兰的政治解剖》（1674年）。这是配第为了增进英国的"安宁和富庶"或者说为了加强殖民统治而写的。⑤《货币略论》（1682年）等。

主要经济思想

关于交换价值

配第认为,商品的交换价值量可以用等量的劳动时间进行衡量。他说,如果一个人在秘鲁银矿上开采一盎司白银并且运到伦敦所用的时间与这个人生产一蒲式耳谷物的时间相等,那么一蒲式耳谷物的自然价格就是一盎司白银。又说,如果一个人只生产白银,并且用白银换取谷物,那么这个人生产的白银与另一个人生产的谷物的价值是相等的。如果生产白银的人一共有二十盎司白银,另一个生产谷物的人一共生产二十蒲式耳谷物,那么一蒲式耳谷物的价格就是一盎司白银。并且指出,如果发现了更丰富的矿源,开采变得比较容易,在当时开采一盎司白银的条件和时间下,现在可以开采二盎司白银。在其他条件不变的情况下,如果谷物的市场售价原来是一蒲式耳谷物需要十先令,现在只需要五先令。也就是说,如果白银的开采率增加了一倍,则一盎司的白银的价值就会降低一半。然而,如果谷物的生产率保持不变,谷物的交换价值保持不变,那么,就需要用更多的白银来表现谷物的价值,谷物的自然价格就会增加一倍。

关于价值

配第认为,劳动创造物品,但是物品的创造过程需要人类劳动与自然界共同合作,所以,"劳动是财富之父,土地是财富之母"。所有物品的价值都可以用土地与劳动这两种自然单位进行衡量。例如,船舶、上衣等,这些物品都是由劳动和土地共同创造的,所以船舶与上衣的价值都可以以这两个自然单位进行衡量。金、银也是一样的,它们之间的价值比例也是由人类劳动以及土地这两种因素决定的。

在这个基础上,配第开始探寻劳动与土地之间的等价关系,希望可以单独用劳动或者土地一个指标对物品的价值进行衡量。配第假设了一个例子,在二英亩牧地里放一头断乳的小牛。一年以后,小牛增加了一英担肉,等于50天食物,它是土地创造的,那么,可以看作是土地的价值。如果再加上一个人一年的劳动,小牛又增加了五分之一英担肉,即多增加的 10 天食物是人的劳动创造的。根据这种分析,配第认为,可以不用成年人的劳动,而是用一个成年人平均一天的食物量来衡量物品的价值,因为它的价值和纯金银一样稳定。也就是说,口粮可以代替土地或者人的劳动来衡量其他物品的价值。

关于工资

配第认为,工人的工资是由劳动者维持并恢复劳动力所必需的最低限度的生活资料决定的。他说,法律应该规定劳动者只可以得到适量的生活资料,因为,如果他们得到的工资增加了一倍的话,那么劳动者完成的工作实际上是他在工资增加的情况下的一半。对于社会而言,就损失了等量劳动所创造的商品。假设工人一天工作八个小时,所得工资即够基本生活所需,而如果让工人得到双倍的工资,即一天工作十六个小时,那么,工人实际上还只是工作了八个小时,另外八个小时被消磨掉了,社会产品也并没有因劳动时间的增加而增加,相反,却造成了一定的社会损失。

关于地租

配第认为,从产品的价值中扣除掉维持工人生活所必需的生活资料即工资和种子的费用,剩下的就是土地的地租。配第举了一个例子,如果一个人只依靠自己的双手在土地上耕种谷物,而且这个人会耕种的流程,例如,犁地、除草等。并且这个人有耕种谷物的种子。等到收获时,从收获的谷物中扣除种子、维持自己生活所食用的以及为了自己的生活用品而与别人进行交换的部分之外,剩下的谷物就是这块土地一年的真实的地租。并且配第曾指出,每一年收获水平并不是确定的,有时候会丰收,有时候会歉收,以七年为一个周期,这七年真正的地租的平均数就形成了一般地租。即地租是剩余劳动所创造的全部的剩余价值。

配第第一次提出了级差地租这个概念。引起级差地租的原因主要有两种:一是土地的面积相等,但是肥沃程度不同而引起的;或者是土地的面积以及肥沃程度都一样,但是到市场的距离不一样而导致的。二是因为在同一块土地上一直连续投入资本和劳动,所以生产率提高从而产生的。

当土地的肥沃程度不同时,配第说,土地的优劣程度(或者说其价值)主要是由该土地生产的产品数量与投入的简单劳动的比例决定的。比例越大,就说明劳动的生产率越高。土地越肥沃,产量就越高,就形成了级差地租。

到市场的距离不一样也会产生级差地租。关于这个问题,配第用一个例子进行了形象说明。假设伦敦或者军队需要谷物,但是离向他们提供谷物的地方有四十千米。那么,对于离伦敦或者该驻扎军队一千米的谷物,除了它的自然价格以外,还应该加上三十九千米的运输费用。所以在其他条件相同的情况下,距离伦敦或者驻扎军队近的土地就会产生比较高的地租。

在同一块土地上如果增加更多的投资就会使得劳动生产率提高,从而导致地租的增加,这样也会产生级差地租。配第说,当用更多的劳动对土地进行改良时,土地就会丰收。例如,犁地而不是锄地,用定植而不是撒种,挑选优良的种子,而不是随便什么种子,同时加以浸泡,不要用烂草施肥而是用盐进行施肥等,这样的话,人们就会收获更多的粮食,从而地租也会因此成比例地增加。

关于土地价格

配第认为土地和别的劳动生产物不一样,因此,土地的价格自然与普通商品的价格也不一样。而且土地的价格可以用若干年的地租总额进行衡量,并且根据英国当时的死亡统计表,配第得出一块土地的价格等同于二十一年的年租总额。对于这个结论,他也给出了自己的解释,一块土地的价格所值的地租年数是由一个家庭三代人同时生存的年数决定的。根据死亡统计表,一般而言,三代人同时生存的年数为二十一年,由此,可以得出一块土地的价格等同于二十一年的年租总额。

关于利息

配第在研究了"土地的租金"即地租以后,继而提出了"货币的租金"这个概念,他将"货币的租金"叫作"利息"。配第指出,当把货币借出去以后,在此期间,假如自己出现一些特殊状况急需货币也不可以将这些货币要回来,所以,配第认为借款给别人,给自己带来不方便,所以,应该得到一定的报酬,该报酬就是利息。接着,配第对利息的多少进行了分析,当风险不存在时,利息至少与将这些货币购买土地所产生的地租大小相等,但是当风险存在的时候,利息在这个基础上还要增加保险费,否则,货币所有者宁愿用这些货币购买土地获得地租,也不愿意借给别人。他认为地租越高,则收取的利息就越高。并且货币同一般商品一样存在供求关系,而且这种供求关系决定了利息的大小。当货币供过于求时,利息较低;反之,利息则高。

配第认为利息的存在是十分正常的,不应该受到限制,他反对政府限制利息。他强调,无论何时何地,限制利息都是违反自然法则的、没有理由的,一切限制利息的法律到最后都是徒劳无益的。

关于分工

配第认为,劳动生产率越高,该国的经济增长就越快,而劳动生产率与劳动分工的水平以及规模有关。配第指出,17世纪的荷兰十分重视分工,这是其经济强大的一个重要原因。他以航海业为例,详细说明了荷兰之所以拥有高水平大规模的造船业是因为分工。分工使技术娴熟,使荷兰造船业比一些小规模的缺乏分工的造船业成本要低廉得多,这样就使荷兰的航运费用低于其邻国,从而其能够获得更多的利润。配第认为分工提高劳动生产率,也可以运用到其他行业如纺织业中,分工比一个人兼任各种操作成本低廉。这一点后来被斯密加以吸收并发展。

关于税收

配第认为一个国家的财富主要来自土地与劳动,所以,国家税收的源泉也是劳动与土地。然而劳动工资只最低限度地满足劳动者的生活要求,无力承担税收,所以,征税对象只能是地租以及其派生收入。这个观点是重农主义"土地单一税"理论的先声。

配第还谈到了关税问题。他认为征收关税时,应使进口货物不冲击国内市场,不影响本国工业生产,并保证出口货物的价格在国际市场上更有竞争力。配第在《赋税论》中论述,对于出口的商品,征税的标准应该是这个税额加到商品的成本以后,其价格仍然低于国际市场的价格。对于进口的商品,应该提高税额,征税的标准应该是这个税额加到商品的成本以后,其价格高于本国货物的价格。

关于货币

配第提出,无论何时何地,货币可以购买到任何商品,但是普通的商品却不一定能购买到其他商品。在一定程度上配第已经认识到货币具有一般等价物的作用。金银货币不易变质,除了磨损以外价值一般不会减少。所以,金银无论何时何地都是财富。而其他商品,虽然种类很多,数量也很多,但是它们都不具备金银货币的优点。这些商品的价值容易随着商品的腐烂而消失,所以,它们只是"一时一地的财富"。

在配第的思想中,货币只是国家财富的一小部分,一个国家利用货币给自己带来更多的有利商品时,这个国家的财富才会增加。对外贸易最好的尺度是金银货币,所以,必须使货币与金银的价值相等,否则,货币就失去了它的意义。他主张货币的价值应该同金银本身的价值一样,极力反对铸造不足值货币。他认为,减少铸币的金属含量,并不能使一个国家真实的财富增加。如果通过一个命令可以使一个国家的财富增加十倍,那么,行政长官早就下达这样的命令了。

配第还对货币流通量进行了研究,指出货币流通量取决于三个方面的因素,即货币的流通速度、全部商品的价格总和和银行制度的应用,并且货币的流通速度起决定性作用。配第认为只需要一定量的货币进行流通就可以,他反对货币过多,他把货币比喻成经济机体本身的脂肪,过少会有疾病,过多会不轻便。由此,配第最早提出了货币的流通量公式,以保证有效地使用货币的经济、社会功能。

贡献与影响

配第之所以被称为"政治经济学之父",在很大程度上归功于他研究经济问题的新方法。配第为政治经济学成为一门独立的学科提供了方法论基础,即《政治算术》的问世。《政治算术》是一部用数量方法(即"算数")研究社会问题(即"政治")的著作。在书中,配第以劳动价值论为基础,对英国、法国、荷兰三国进行了国情、国力(主要是经济实力)的数量对比分析,以此为依据,为当时英国社会经济发展出谋划策。

配第堪称英国古典政治经济学的奠基人,最先提出了劳动决定价值的基本原理,并在劳动价值论的基础上考察了工资、地租、利息等范畴,他把地租看作剩余价值的基本形态。他的劳动学说是马克思劳动价值论的重要来源,马克思对配第的经济思想给予了极高的评价。配第区分了自然价格和市场价格。他的自然价格相当于价值,配第认为生产商品所耗费的劳动时间决定商品的价值。他还提出了商品的价值和劳动生产率成反比例。但是他没有把价值、交换价值和价格明确区分开来,他把生产白银的具体劳动当作创造价值的劳动,不懂得创造价值的是抽象劳动。

与重商主义不同,配第在研究经济现象时,并不是只进行简单的收集、整理,他更关注这些现象之间的内部联系,他第一次提出了科学地研究社会经济现象的研究方法,这种方法被以后的古典政治经济学家们进一步发展。他反对早期重商主义者提高物价的政策,而主张降低物价,从而使得本国商品在世界市场上更具有竞争力。而且,配第将政治经济学的研究对象从流通领域扩展到了生产领域。

洛克

生平

约翰·洛克(John Locke,1632—1704 年),英国唯物主义哲学家、银行家、经济学家与政治学家。他从小生活在律师家庭,后来在牛津大学学习,主要研究哲学、自然科学和医学,并获得医学博士学位。1666 年认识了阿什利勋爵,1667 年做了阿什利勋爵的秘书。1683 年因政治迫害逃到荷兰,在荷兰开始认真写自己的著作。1688 年"光荣革命"以后,洛克担任贸易和殖民事务大臣。回英国不久以后,洛克开始出版自己的书。洛克晚年一直居住在朋友家中养病,后来因病于 1704 年去世。

洛克在 1690 年出版了《政府论》,主要包括对政治与经济生活的思考,分为上、下两篇,一破一立。上篇通过论证"天赋人权"反驳"君权神授"与"王位世袭"的观点。下篇主要阐述了人类社会最开始处于自由平等的自然状态,自然法处于支配地位,生命、自由与财产是人们的自然权利。但是在自然状态下,缺少判断是非的标准(法律),缺乏公平的裁判者与执行这种判决的权力,所以需要国家来行使保护权与处罚权。但是洛克指出,处罚权力并不是政府与生俱来的,它必须经过整个社会的同意。洛克指出,政府的目的就是保护人民的私有财产,政府的权力是人民赋予的,所以它必须受到一定的限制,否则人们又可以重新把它授予最能保卫自己安全的人。

洛克于1691年出版了《论降低利息和提高货币价值的后果》。该书主要包括"论降低利息"与"论提高货币价值"两个部分,其中包含了洛克的利息思想、货币思想以及财富思想等。

主要经济思想

财产理论

在《政府论》中,洛克认为在最初自由、平等的自然状态下,每个人都有生命、自由与财产的自然权利。并且洛克认为财产权是最重要的,只有有了财产权,才会有生存权和自由权。洛克在《政府论》中曾说,一个人所进行的劳动和工作是属于他自己的,也就是说,一件产品里掺进了这个人的劳动,那么这件产品就属于他本人。这件产品就是他的财产。并且洛克指出在自然状态下仍有缺陷,人类的权利仍然会受到威胁,所以人们赋予政府一定的权力来保护人类的财产权,但是政府在行使这种权力时要受到一定的限制。

财富理论

洛克认为衡量一个国家是否富裕的标准是这个国家金银的多少。洛克在《论降低利息和提高货币价值的后果》中曾说,黄金与白银的用途并不多,但是使用它们可以购买所有的生活用品,所以,一个人的黄金白银越多,那么,这个人的财富就会越多。并且提出了一个国家的富裕程度完全与借钱的多少无关,它主要取决于输入或者输出商品的多少。一个国家要富裕,必须使消费外国商品的数量少于输出商品的数量。即一个国家财富的多少与该国的贸易有关,当贸易顺差时,该国的财富就会增加;反之,该国的财富就会减少。他还特别讲述了一个农场主的儿子就是通过支出大于收入的方式一步步把财富败光的。洛克认为勤劳节俭也可以致富,把伊丽莎白年代英国财富的增加归功于当时节俭和勤劳的社会风气。

劳动价值理论

洛克虽然十分看重黄金白银的功能,但是他更重视国家生产,认为为了增加国家财富,要注重产业、商业以及对外贸易的发展。并且洛克认为在这些生产中,商品生产交易的作用十分重要。他认为商品价值的多少是由劳动决定的。人们在一英亩荒芜的土地上进行农耕时,可以得到一英亩的小麦,同样,用小麦可以生产出面包,小麦的价值要高于一英亩荒芜土地的价值,并且面包的价值又会高于小麦的价值,而造成价值的差别就是由劳动决定的。所以土地最大部分的价值就是由劳动决定的。

洛克指出,在保守估计下,对人类有用的土地产品中,十分之九来自人们的劳动,如果在更精确的估计下,百分之九十九来自劳动。所以当劳动的多少不同时,商品的价值也不一样。洛克认为面包的价值大于麦子,酒的价值大于水,绸的价值大于丝,就是因为增加了劳动。在这个前提下,洛克认为商品的成本不仅仅是用于生产商品的生产要素的成本,还需要把劳动算到里面。他仍然以生产面包为例来进行说明,生产面包时,不仅需要必要的小麦种子,这是生产小麦的物化成本,但是在这个基础上,成本还需要加上从耕种小麦到面包制成过程中投入的劳动,比如,耕地时进行的劳动,收割小麦时进行的劳动,甚至训练耕牛、制造磨盘与烤炉等的劳动都要计算进去。

价格理论

洛克在《论降低利息和提高货币价值的后果》中认为一切可买卖的商品(包括必需品、奢侈品,还有各种生产资料如土地、黄金与货币等)的价格与该商品在市场中供给数量以及需求数量的相对多少有关。当市场上售卖该商品的人比较多,但是购买该商品的人比较少时,则无论卖者的售卖技术多么高超,该商品的价格仍然会比较低;相反,当售卖该商品的人比较少,但是购买该商品的人比较多时,卖家的售卖技术即使不好,也会卖到较高的价格。而且土地的价格规律也会遵循这个规律。洛克将这种供求关系的相对需求解释为比例与销路。商品的效用或者说它的使用价值决定了销路,同时社会上的社会风气也会决定商品的效用。

货币数量论

洛克认为货币也是一种商品。货币在商品流通中十分重要,每个人都必须获得货币才可以进行商品交易。所以人人都会对货币有所需求,但是当货币的数量比较少时,人们获得货币的代价就会比较高。

洛克认为货币最基本的职能是流通手段,货币不带价值进入流通。商品的价格取决于流通中的货币量,与货币量成正比。即流通中的货币量增加,则商品的价格就上涨。

洛克还从金属的自然特性方面进一步说明了货币数量论。他在《论降低利息和提高货币价值的后果》中认为金银有着天然的耐腐蚀性,并且数量比较少,而且人们想要伪造金银十分困难。在这样的条件下,人们想到可以赋予金银一种想象的价值,而不是真实的价值。用这样的金银货币可以衡量商品的价值。金银货币可以在市场上进行交换。并且洛克认为赋予这种货币价值或者说购买力的是政府。洛克指出货币的价值与它的数量有关,当货币的数量少时,它的价值就高,数量多时价值就低。而且洛克认为货币数量的多少与市场上货币的流通速度有关,当速度快时,流通的货币数量就会少;反之,流通的货币数量则多。

利息理论

洛克认为利息为货币的租金,并论证了利息的合理性。他主张自由的利息率,反对国家用法律强制推行的利息率。洛克指出,由于货币分配不均,当你借别人的货币,通过贸易得到更大的收益时,你要付相应的利息。而影响利息率的因素为货币的供求状况,洛克对荷兰进行了分析,指出荷兰的资源是贸易,而贸易的财产一般是货币,荷兰的商人都是放利的人,放利的人多,利息率自然就降低了;并且随着国家货币数量的变化以及人们贸易需求的变化,利息率也在不断变化。

洛克还认为国家如果把利息率强制规定降低到一定的水平,就会导致流通中的货币减少,对国家经济没有益处,而且会导致人们犯伪誓罪,破坏社会风气,威胁人们的生命财产安全。所以国家规定利率是徒劳无益的。但是洛克依旧肯定了法定利率的必要性。原因有两个:一是借款纠纷中若没有明确借款合同,法定利率能帮助法庭判决;二是由于英国现款被极小一部分人垄断着,法定利率能保护无知和急需借款的人。洛克在《论降低利息和提高货币价值的后果》中认为,当货币的分布是均匀的且货币比较稀缺的情况下,社会上所决定的利率就是自然利率。并且在自然利率下,货币的供求关系达到平衡,借款人和放款人双方的利益是平衡的。现实经济中的利率应该围绕自然利率上下波动。洛克支持政府对利率设定一定的上下限,因为当利率比较高时,商人的利益就会受到侵害,但是如果利率太低的话,则会损害放款人的利益。

地租与地价理论

在地租问题上,洛克认为土地分配不均匀,而且在没有劳动参与的情况下,土地的自然价值很小,善于耕地的人们,会借别人的土地耕种,经过劳动以后,会产生比地租更大的价值,所以地租的存在是合理的。

在地价问题上,洛克与配第一样认为地价为一定年限的地租。在地价的计算方法方面,他把土地价格归结为一定年限的地租或年收益。他说英国某些地方土地价格相当于十七八年的年收益,而在另一些有有利可图的制造业的地方,地价则相当于二十二三年的年收益。洛克认为地价的贵贱主要受市场供求规律的支配。土地和其他东西一样,其价格的涨落取决于要出售的土地数量和准备购买土地的货币数量的比例,也就是取决于买者和卖者的数目。当购买的人多,售卖土地的人比较少时,则它的价格比较高;当购买的人少,但售卖的人比较多时,它的价格会比较低。

税收理论

洛克在《论降低利息和提高货币价值的后果》中继承并且发展了霍布斯的税收学说，认为政府保护了人们的财产权，一方面人们在这方面得到了利益，另一方面，政府在保护人们的财产权时会受到经费的限制，所以，需要向人们收取税收，并且洛克认为只要受到政府保护的人都应该向政府缴纳一定的税收，用来支持政府的经费。但是他同时指出，政府虽然有权利收取税收，但是在税收方面，也必须按照国家的法律收取。

洛克指出对个人收取税收时要体现出社会公平公正的原则。每一个公民都会享受到政府的益处，但是政府保护每一个公民的财产却是不同的，所以在向公民征收税收时，要以公民的个人财产的多少为基础，即对个人收取财产税。向土地所有者收取商品税甚至是一切税收。国内的消费税向全体阶级征收。当向公民征收这些税收时，商品的价格会上升，税收大部分都会落在土地所有者身上。

政府干预理论

关于政府干预与否，洛克认为有些方面不需要干预，比如在利率方面，利率是由经济的实际情况决定的，如果政府干预的话反而会适得其反。价格也是由市场上商品的供给与需求决定的，应该让市场自行调节。但是有些方面需要政府进行干预。例如，洛克认为对一切商品征税，最后都会落在土地上，所以希望政府可以对土地所有者有特殊的照顾，给予更多的关怀。并且提出了政府应该保证流通的货币量，以推动经济更好发展。在贸易方面，国家要努力使出口量大于进口量，增加国家的财富。

贡献与影响

洛克的《政府论》第一次提出了人人享有平等、自由以及财产的权利，这是神圣不可侵犯的。并且由此提出了政府权力是由人们为保护自己的私有财产所赋予的，并且政府在行使权力时要受到限制。这些思想理论对许多国家乃至整个世界产生了巨大的影响。洛克继承并发展了配第的劳动创造价值理论,洛克认为由于劳动的参与,构成了自己的私有财产,具有很大的进步性。并且他对生产成本进行了更深入的研究。他对供求论进行了更系统的描述,并以此为基础,讨论了利率是由该国货币的供求关系决定的,而且应该围绕自然利率在合理的范围内波动,这是浮动汇率的雏形。

洛克的财产权与货币思想对休谟产生了极大的影响。休谟在洛克的影响下,对利息提出了新的修改,认为对利息的影响不是因为"货币需求"而是因为"借贷需求"。洛克的思想促进了思想启蒙运动的产生。启蒙运动将自然法学说发展成了自然秩序论并对法国的重农学派产生了影响。重农学派的许多经济思想是在自然秩序论的基础上发展而来的。洛克的劳动价值思想对斯密和李嘉图产生了重大影响,特别是李嘉图深化了劳动价值论。洛克的供求关系理论被古典经济学家吸收利用,一直存在于古典经济学的价格理论之中。

第4章 17—18世纪法国的经济思想

17世纪,欧洲社会处在封建社会解体与资本主义兴起的过渡阶段。伴随着农业和手工业的发展,地中海沿岸和西北欧的一些国家首先出现了资本主义萌芽。

17世纪末,法国文学界掀起了一场广泛而持久的争论,这场争论的主题是古今文化孰优孰劣。争论逐步从文化艺术领域扩展到了学术领域。丰特奈尔以笛卡尔的理性主义为起点,论证了人类历史的进步性质,并指出由于人类追求知识并获取知识,就逐步形成了追求进步的天性。孟德斯鸠在牛顿的著作《自然哲学的数学原理》的影响下,发表了《论法的精神》,对自然法做了相近的分析,认为自然法在人类之初主要来源于天性,而人类开始社会生活后,纯粹的"天性法"逐步增加了"理性法"的成分。十年后,爱尔维修在《论精神》中对关于利益的观点进行了展开,他把利益看成社会生活中唯一的、普遍起作用的因素和社会发展的根本动力,并指出,人并非性恶,他们只是受到自己利益的支配。这些思想为重农学派自然秩序的提出奠定了一定的理论基础。

18世纪初,法国里昂、阿尔萨斯-洛林、奥尔良等一些地区也出现了大量的手工工场,其中不乏一些工人众多的分散性手工工场。18世纪中期,一些先进的机器也开始出现在像采矿、冶炼类的工业部门中。随着酒类和奢侈品的出口以及棉花、皮革、香料、咖啡等的进口,当时的法国逐渐形成了以鲁昂、亚眠、艾克斯、波尔多等城市为主的对外贸易中心。由此,法国的资本主义有了一定的发展,但相较于英国,法国当时95%以上的人口还是农业人口,绝大部分土地集中在贵族官员手中。从整体上看,法国还是一个传统的农业国家,工商业的发展还处于弱势的地位,资本主义的发展仍然处于萌芽阶段。路易十四上位后制定的发展工业的法规并没有为法国的生产力带来很大的改善,反而给法国的工业发展造成了很大的限制,再加上封建割据的残余,导致不同地区之间的货币度量都有所差别,更是增加了不同地区商业之间联系的困难程度。

法国经常对外发动战争,最终大多以落败告终,极大地耗损了财力、物力,同时也丢失了很多的海外殖民地,如英国从其手中夺走了原来在北美以及加拿大的殖民地。同时,为了弥补国库空虚,法国的王室贵族开始向广大工场主和商人征收工商业税,这减少了工商业者和商人的利润,限制了他们的资本积累。

面对社会经济状况的日益恶化,为了解决财富匮乏的问题,国家采用了柯尔贝尔的重商主义政策,想要通过发展工商业以及对外贸易来促进经济的好转。同时重商主义的政策还规定限制农产品谷物原料对外出口,以此来降低国内原料及劳动力的价格。这样的限制严重损坏了农民的利益,打击了农业经济,激起了农民的多次起义反抗。另外,封建行会制度、庄园制度及关卡、税收、货币、度量衡不统一等问题,都为工商业的发展带来了很大的阻力。这时的法国,面临阶级矛盾激化问题的同时还伴随着经济与财政的危机,重商主义的政策以失败告终。这时,约翰·罗出现,并试图用其"信用创造资本"的思想拯救法国的经济,但最终由于流通中的货币超过了银行中的货币,从而使这一政策也走向了终结,还加剧了法国经济的落后程度。面对两次政策改革的失败,许多经济思想家提出重建农业,通过恢复农业和逐步发展农业来缓和现有矛盾,由此,重农主义学派出现。其代表人物有布阿吉尔贝尔、坎蒂隆、魁奈、杜尔阁。

布阿吉尔贝尔

生平

皮埃尔·勒·庞逊德·布阿吉尔贝尔(P Pierre Le Pesant, sieur de Boisguillebert, 1646—1714 年),生于法国鲁昂,曾任鲁昂地方议会的法官以及路易十四的经理官。他所经历的时代,正是法国经济最衰败的时期。他任法官时,对农村经济衰落和农民贫困有了较多了解,目睹了法国当时社会经济的混乱现象,深切同情劳动人民的沉重负担和痛苦不堪的生活境遇。他也自称是农业的辩护人,认为农业应该得到社会的重视。他反对重商主义的观点,反对货币是唯一的财富,反对重商主义干预经济,认为其违反自然规律,损害经济发展,主张农业是财富源泉。后来他因为提出对柯尔贝尔政策的反对,支持重农学派的沃邦元帅而被流放,最终于 1714 年逝世于鲁昂。

1677 年,他与一位富有的女继承人结婚后从事了几年的商业和农业活动,后进入诺曼底地方政府,在这个过程中,他更加深刻地了解了法国经济的每况愈下,自此,他开始关注法国经济并出版了他的第一本经济学著作《法兰西详情》。而后,当他看到农业的衰落,意识到农业的重要性并提出相关主张和思想观点时,又相继出版了《谷物论》《货币缺乏的原因》《论财富、货币和赋税的性质》等著作。

主要经济思想

关于农业的重要性

布阿吉尔贝尔积极呼吁要重视农业,支持农业的发展。他认为农业是一切经济发展的出发点,没有一个行业不是靠土地的产品而维持生存的。农业兴,则各个行业都繁荣;农业衰,则各个行业都萧条。国家的财富基础在于农业,发展农业比发展工商业更重要,必须给予农业以大量支持。他经常引用"农业和畜牧业是国家的两个乳头,它们完全可以代替秘鲁的银矿"这句话,一再强调农业和畜牧业的重要性,指出只要优先发展农业和畜牧业,生产出更多具有使用价值的产品,就能够增加社会财富。他认为,只有耕种者实现了经济的繁荣,其他阶级才能实现繁荣,而且所有的财富都来源于农业中的土地耕种……财富和税收只会来源于土地和人类的劳动。他认为当时的法国经济落后,人民贫穷的根本原因在于没有重视农业。不同于传统重商主义对流通领域的研究,他从生产领域开始研究,指出流通不是财富的源泉,反对重商主义牺牲农民利益的经济政策。

他对农业的发展提出了相关建议,农产品价格是关键,如果农民入不敷出,那么农业的破产会使地主、农民紧缩开支,进而影响工商业的生产和生活消费,如此循环,将造成社会经济衰退。此外,他还认为,发展农业的关键措施是允许农产品谷物的自由输出,因此,在此基础上提出了自由贸易,认为自由贸易可以使农产品的价格得到稳定和提高,带来法国农业的再度繁荣。

关于交换价值

布阿吉尔贝尔认为商品的交换价值是由劳动时间决定的,所以不管什么商品,都应当按照它的公平价格来进行交换,交换的价格必须能够补偿生产过程中花费的费用,而这个公平的交换价格实质上还是取决于劳动的比例。用公平价格来进行商品交换的时候,商品的交换就处于自然平衡状态。自由竞争是实现商品交换自然平衡的前提条件,因为在自由竞争的条件下,劳动者的劳动时间在不同的部门之间才能够得到合理的分配,这时的劳动时间所决定的价格就是公平的价格,也是真正的"交换价值"。

由此,他认为,社会上的劳动按恰当的比例分配于不同的生产部门有助于促使社会的生产和需求保持平衡,但这个恰当的比例只能由市场的自由竞争来决定,商品的交换价值正是由这种自由竞争的均衡状态下生产商品的劳动时间决定的。

关于经济规律

布阿吉尔贝尔认为社会再生产过程是一种自然而然的循环,在运行的过程中遵循着一种内在的自然经济规律,社会财富的增加和发展都要依赖于农产品的增加,但实现农产品的增加也有不少的条件,其中任何一个条件达不到,农产品的增加就不能实现。他指出重商主义的政策是与社会再生产的客观经济规律背道而驰的,这种政策利用减少国家的收入来获取个人的利益,无异于拆房屋卖木材的行为,是需要被谴责和反对的。他主张经济自由,认为制定经济秩序的权力是属于大自然的,人们在经济活动中应当按自然赋予的经济规律办事,只有这样,农业才能得到恢复,法国的经济才会再度复兴。

关于财富与货币

布阿吉尔贝尔认为,人们对财富和货币存在着一种错误的看法,即人们认为货币是一种财富,乐于将它储藏起来,这便减少了货币的市场流通量,从而破坏了正常的经济秩序,导致经济衰败。他提出财富只是一种生活的必需品,一般会以工业产品或者农业产品的形式表现出来,而它只来自生产而不是流通,货币不能完全等同于财富。前者只有在能够交换到足够的生活资料的情况下才能算是财富,否则,即使一个国家有再多金银也不能被称作富裕。他指出,货币的作用只是交易和相互让渡的保证,其自然职能只是充当了流通手段和支付手段,它的存在是为了便利商品的交换。他认为正是人们对货币的错误认知使商品不能按真正的交换价值来实现其交换过程。他指出,法国农业的衰退,就是由于官员对货币持有错误的认知,才在求金欲的驱使之下,实施加税、压低农产品价格、禁止谷物输出等政策而造成的,所以,他认为,人民贫困和社会罪恶的根源其实是错误的货币观念及货币的积累。

关于税制

布阿吉尔贝尔的税收主张也是以保护农业作为基础的。他在他的不少著作中都曾指出,正是法国的重税导致了农业生产遭到破坏,土地荒废。他提出,达依税和关税、酒税、过境税是破坏农业生产的最大源头,并指出达依税完全就是任意征收的,没有任何固定的税则,而固定不变的一点就是越穷的人所承受的税收负担越重,所以大家都去开发那些属于无保障者的土地了,酒税、出口关税以及过境税等税额是种植者所能承受的四倍。农产品价格太高,卖不掉,价格太低,难以维持税赋,所以农民索性选择不种,最终导致土地荒废。征税的贵族官员横征暴敛的行为更是增加了农民的税收负担,给农业生产活动造成了很大的影响。基于此,他呼吁减轻税负,保护农业生产。

关于税制改革,他主张:首先,不能对农民课税过重,应当以直接税来取代不合适的间接税,改革人头税,取消补助金、国内关税等制度,征收炉灶税、什一税等;其次,取消柯尔贝尔政策对国内商业以及关税的限制,扩大国内商业市场,促进行业的分工,使货币和商品的流通速度得到加快;最后,允许谷物价格自由上涨及自由化贸易,扩大农产品市场。

关于消费与工资

布阿吉尔贝尔在分析法国社会经济状况时,指出法国国民收入锐减的一个重要原因是国民消费不足,他认为消费和收入是同方向变化的,消费不足则收入不足,相反,消费的增加也会刺激收入的增加。而造成消费不足主要是由于税赋太重,尤其是达依税和酒税。

他对工资也提出了一些思想,他认为,工资的自然标准即为劳动的价格,是维持工人生活所必需的最低限度的生活资料,这个工资决定着工人的生活水平。

贡献与影响

布阿吉尔贝尔强调了农业对于国民经济发展的重要性。在推行柯尔贝尔的重商主义的统治政策下,他敢于首次提出重视发展农业的观点,对于当时的思想、政策、政治环境来讲都有着一种冲击。经过实践来看,布阿吉尔贝尔这个思想观点的正确性得到了验证,反对重商主义的干预,提倡自由竞争,使法国农民逐步脱离贫困的境地。面对重商主义政策带来的经济萧条、民不聊生的社会状况,布阿吉尔贝尔提出了对政策干预的反对,主张推行自由发展、自由竞争的经济,这样的思想在当时是比较具有领先性和创新性的。

布阿吉尔贝尔的财富观强调财富是物质和精神上需要的东西,而非货币。他提出货币不是财富,反对积累金银货币。他对于当时法国统治者想尽办法欺压农民、敛财积累货币金银的做法深恶痛绝,所以,他对于积累金银的做法,提出强烈反对。他坚持价值是由劳动时间决定的思想,因而在当时法国的古典经济学背景下,结合对农业发展的政策建议,提出了农产品的价值是由农业劳动的时间来决定的。这对于当时大众对商品价值的认知也是一个突破。

布阿吉尔贝尔重视农业的思想,对后来的重农学派思想产生了深远的影响。后人称其为重农学派的先驱,而且马克思将他和配第一并称为古典政治经济学的先驱。他对重商主义政策以及货币财富论的批判,引起了法国经济思想家对重商主义的深刻反思,为法国政策重心由重商主义向重农主义转移创造了开端,促进了法国经济的恢复与协调发展。他的思想观点突破了重商主义针对流通领域研究的局限性,将研究由流通领域扩展到生产领域,也为后来的思想家们丰富了研究视角。他提出的在农业领域劳动创造价值、劳动时间决定价值等思想观念,也为后来的经济学界著名的劳动价值论提供了思想源泉。

坎蒂隆

生平

理查德·坎蒂隆(Richard Cantillon,1680—1734 年),17 世纪末爱尔兰的金融学家和经济学家。他虽是爱尔兰人,但其主要经历却在法国,而且主要研究的也是法国欠发展的资本主义生产关系,所以,对法国的经济思想产生了重要影响。坎蒂隆家族属于贵族家庭,1713 年,他受聘到英国驻西班牙的军需办事处工作。1716 年,他随叔父到巴黎接手其堂兄的银行业务,同时发展丝绸和酒业贸易。他对金融行业的精通使得业务发展得如火如荼,由此他又受到了法国当时的财政大臣的嫉妒与威胁(要求他离开法国)。当时的法国正在实施约翰·罗体系,罗氏公司发行了大量的股票,坎蒂隆在离开法国之前购买了大量的罗氏公司的股票,后来又及时把股票抛出,赚到了巨额利润。但由于金融及股票业务频繁的交易使他经常陷入法律的纠纷中,所以,他带着他的巨额财富移居到英国生活,并与人合办了一家普通的贸易公司。

1734 年 5 月 14 日,坎蒂隆被发现在其英国寓所被其厨师所害,房屋也被焚。

尽管坎蒂隆对经济研究的出发点是以挣钱为目的,但他却写出了一部具有真正意义的经济学著作——《商业性质概论》,阐述了经济体系之间的关系及运行方式,受到了后来的英国收藏家杰文斯的极大称赞,并称其为《国富论》之前最伟大的著作。《商业性质概论》是坎蒂隆至今仅存的一部经济学论著。这本书主要有三个部分:第一部分讨论了价值、市场价格、地租、工资、企业家等相关概念;第二部分主要分析阐释了货币理论以及货币的作用等问题;第三部分主要研究了贸易的相关政策,并提出了一些政策主张。

主要经济思想

关于内在价值与市场价格

坎蒂隆在《商业性质概论》的第一句就指出,土地是生产所有财富的根源和基础。一切物品都能够用生产中所耗费的土地的数量以及劳动的数量来度量其内在价值。由此可以看出,他认为任何商品的内在价值都是由生产过程中所花费的土地和劳动来决定和衡量的,且在其他要素相同的情况下,内在价值分别与花费的劳动和土地成正比。劳动越多,内在价值越多;耗费的土地资源越多,内在价值也越多。

除了内在价值的相关内容外,他还引入了市场价格。他认为商品的价格是由供求关系决定的,而且供求所决定的价格一般与商品的内在价值是相近的。他指出,商品的待售数量和购买者数量的比例是确定市场价格的基础,而且,这样确定的市场价格一般不会偏离内在价值太远。他准确地提出了商品的内在价值和市场价格不一致的地方,对二者进行了区分。他还指出,尽管商品具有确定的内在价值,但市场上的交易价格却不能完全按照内在价值的量来确定,因为,商品的售价还受到人们的兴趣、偏好以及消费数量的影响。

关于供求与市场价格

坎蒂隆以研究商品价格为出发点,分析了市场的不同运行状态下商品的价格变动规律。他以谷物为例,提出如果某年某国农民种植谷物的数量远多于购买者所需要的数量,即使谷物的真正价值与生产这些谷物时的劳动和土地相等,但由于谷物数量太多,供给的数量大于需求的数量,其价格只能下降甚至降到真实价值以下;相反,如果农民种植的谷物少于当年购买者所需要的数量,即供给的数量小于需求的数量,则谷物的市场价格会高于其内在价值。内在价值虽然是一个不会变动的确定值,但一个国家的商品供给量和需求量的比例一直保持恒定却是无法实现的,所以,市场价格是会不断随着供求比例的变化而变化的。

关于不确定性与市场运行机制

坎蒂隆通过对市场运行机制的研究,发现尽管市场具有较大的不确定性,但个人的自由选择在市场运行过程中发挥着重要作用。他以租地农场主为例,提出农场主会根据自己的经验判断,分别把土地用于饲养牲畜、生产谷物、酒和干草等,但由于气候及需求具有不确定性,农场主自己也不能判断哪一部分带来的报酬收益最高,所以,造成其在追求利益的同时也要在不确定性中经营农场的结果。另外,他还以帽商为例,指出在一定的市场范围内,业主的数量应当同消费者数量保持一定的比例,如果帽商相对于消费者数量太多,必然会导致一些顾客数量少的帽商破产;相反,如果帽商数量相对于消费者数量太少,行业中的利润就会增加,鼓励新帽商进入市场。

坎蒂隆认为市场的自动机制会使市场的供求自动实现均衡。他指出当农场主因为多播种谷物而少喂了羊造成谷物太多而羊毛太少的结果时,羊毛就会涨价,谷物会降价,造成农场主无法向土地所有者支付租金。但假如农场主以某种方式支付了租金或者土地所有者原谅了他们,那么,农场主来年就会因为想要得到更多的利润而少播种谷物,多生产羊毛。于是,第二年,羊毛因过多而降价,谷物因过少而涨价。再下一年,农场主们的生产计划又会发生一些调整,直到谷物和羊毛各自的生产数量和需求量相适应为止。

总之,坎蒂隆认为市场是具有风险性的,结果是难以预测的,所有行业的业主都顶着一定的风险进行经营活动,以追求自身利益的最大化,而市场中的各个生产要素在利益最大化的同时自行达到合理配置。这就是坎蒂隆所提出的市场运行的自动机制。

关于利息

在讨论有关货币利息时,坎蒂隆首先提出,利息率的高低,是由放贷者所承担的风险决定的,且与风险大小成正比。虽然利息率也会受到国家货币量增减的影响,但是国家政府或者官员如果想要通过法律来调节市场中的货币利息率,则必须以高于或者大致相当于现行的市场利息率作为调整的基础,否则,这种法律手段的调节就不会起到作用。因为,对于借款方和贷款方双方来讲,利息率是由双方的数量比例决定的,如果法律强制将利息率压到现行市场利息率以下,双方就会进行秘密交易,由此,法律的规定不仅没有起到降低利息率的作用,相反会增加贷款的难度。所以,坎蒂隆认为利息率是由市场的自由竞争决定和调节的,并发挥着配置资源、调节社会供求的作用。

关于人口与生活资料

坎蒂隆认为人口的增长要和土地所能提供的生活资料相适应,因为人类的生存依赖于这些生活资料。他指出,如果土地无限制地为人类提供生活资料,那么,人类就会无限制地繁殖下去。一个国家能够给居民分配的生活资料数量决定了居民的人数。一旦人类拥有的生活资料数量没有限制,他们就会像仓库里的老鼠那样快速繁殖。英国人占有殖民地后会把当地的人赶走,然后开发新的土地来耕种,进而可以繁殖更多的人口。

关于充分就业

坎蒂隆认为,市场机制会自动引导劳动力的自由流动。他举例分析,如果村庄里的所有年轻人都学会了耕种土地,那么种地的劳动力就太多了,这样的就业是不充分的。如果耕地留给部分年轻人耕种,那么其他人成年后可以找其他工作。如果找不到其他工作,他们必然要离开家乡,到有工作岗位有工作收入的地方去工作。如果这个村庄的工作岗位在不断增加,他们就会考虑留在村庄。剩余劳动力可以从事一些有待进一步完善的生活必需品的附加劳动,比如可以从事一些碗碟等陶瓷耐用品的生产,也可以制造一些出口产品,甚至也可以做一些装饰性和娱乐性比较强的工作。

关于分配与流通

坎蒂隆把居民划分为土地所有者、农场主和受雇者三个阶层,并指出在封闭经济环境下,产品会在这三个阶层之间进行分配和流通。租地农场主取得土地产品后,一部分要用于补偿成本费用,一部分作为利润,还有一小部分会用于消费(主要是购买农产品及工业品)。由此,实现了产品在农村与城市之间的流通和分配。另外,他还指出,如果土地所有者居住在城市,农场主向其交纳的地租也会以货币的形式付给土地所有者,土地所有者再购买其他农产品和工业品。不论最终货币留在了哪里,这个过程就是城市与农村之间的流通,且居民都是通过不断流通的方式,依靠这些流通中的土地产品来生活,使得各自的需求得以满足。

关于财富及其增长

坎蒂隆将财富定义为生活资料。他指出,财富只是一种用来维持人们日常生活、方便生活、使生活富足的物质资料。但他也认为国家的强弱与富裕程度是由该国所拥有的金银货币量所决定的。因为在他看来,金银货币是被普遍接受的价值尺度,永远可以用来交换到任何的生活必需品,也是一种流通媒介。同时,他又指出劳动创造财富,万物依赖于土地而生存,劳动又使得土地丰产。他又进一步指出,租地农场主初始时必须要有一定的资本,才能不断地积累资本,增加财富。

关于收入分配

坎蒂隆在分析收入分配问题时,是基于社会的三个阶层结构(土地所有者、农场主和受雇者)来展开的。他指出一个国家的收入主要由地租、利润和工资三种形式构成,且它们都来自农产品。一个租地的农场主的产出会被分为三份:第一份是付给土地所有者的地租,这份地租通常等于他所生产的农产品价值的三分之一;第二份是用来维持农场主自身生存、雇佣劳动力及喂养马匹的支出;第三份是应归农场主自身所有并使他的经营有利可图的利润。他所区分的三种收益分别对应的是地租、工资和利润三种收入形式。此外,他还提出了不同职业的报酬会因为不同的熟练程度、风险程度、技艺高低程度以及责任的大小有所不同。熟练程度高、创造性高、技艺高超的职业报酬最高;熟练程度高的工人报酬会高于条件相同的情况下熟练程度低的工人的报酬;技艺高超的工人的报酬也会高于同等条件下技艺较为落后的工人的报酬。

关于政府行为

在承认市场的自动机制的同时,坎蒂隆也提出了一些政府干预的主张。首先,他提出,当市场中某种产品长期一段时间都处于过于贫乏或者过于充裕的状态时,市场价格就会持续偏离其内在价值,这时政府就应当规定一些相应的市场价格。其次,他指出,当市场中流通的货币过于充裕时,不仅不会带来更多的富裕,反而会使国家陷入可怕的贫困,所以此时政府或者君主应当采用一些政策使一部分货币"退出流通",并保存这些货币,等到需要的时候使用。再次,他认为,政府如果出于某种目的想要对利率进行调控时,银行和政府或者国务大臣可以联合起来,通过提高和维持公债券的价格来降低利率。最后,他还提出,政府在对外贸易的过程中应该采取一些贸易政策来进行贸易保护,促进外贸发展。

贡献与影响

首先,坎蒂隆对财富源泉的看法继承了布阿吉尔贝尔的"重农"思想,推动了后来的重农学派的产生与发展,他的财富观也为重农学派的思想观点奠定了一定的基础。其次,他的经济均衡的思想特别是关于社会产品分配与流通的均衡分析,成为后来魁奈的《经济表》的直接思想源泉。再次,他对于商品的内在价值、供求与价格的分析所得出的结论,为斯密有关市场的运行理论提供了一定的思想基础。最后,他围绕贸易政策所做的分析,提出的政府干预政策为政府的经济行为提供了重要的指导作用。其分析的干预原理和干预方式直到今天还影响着政府的行为。

坎蒂隆的《商业性质概论》,开创性地对市场运行机制、均衡、财富及政府行为等方面进行了深入的研究。他的这部著作几乎涵盖了除税收以外的经济学所涉及的领域。这本书为后来的一些经济学者提供了珍贵的思想源泉。由此,他也被后人称为"第一位真正的经济学家"。

坎蒂隆提出了企业家的划分标准及其在经济活动中发挥的作用。他把企业家定义为冒险者,并指出这种冒险者对生产循环和经济繁荣起到了很好的推动作用。这种定义打破了当时人们对企业家的狭隘的看法,使人们普遍开始重新审视和看待企业家及其作用。他通过对货币在经济循环过程中发挥的作用进行深入阐述,提出货币对经济活动具有不确定性影响,称其为"硬币流动机制",为古典货币理论奠定了基础。这种影响被现代经济学家称为"坎蒂隆效应"。

通过对贸易政策的讨论,坎蒂隆提倡政府可以在适当的时机采取正确的干预行为,并通过分析不同的经济运行状态下不同政策的效用,为当时的政府干预行为提供了很多有益的建议。

魁奈

生平

弗朗斯瓦·魁奈(Francois Quesnay,1694—1774 年),法国重农学派的创始人和重要代表。他虽然出身于一个有才能的地主家庭,但因为家中兄弟姐妹太多而没能接受很好的教育。即使如此,他在 16 岁的时候还是对医学产生了巨大兴趣,并到一外科医生处做学徒,后又到一些大学里面研究医学,学习化学、植物学、哲学、数学等相关领域的知识。之后他开始做外科医生,并凭借自己高超的放血术获得了较高的声誉。在他 55 岁时,又被路易十五召进凡尔赛宫,成为蓬巴杜侯爵夫人的侍医。三年后,因为治愈皇太子的痘疮有功,他被封为贵族,成为路易十五的御医。此后,他通过与凡尔赛宫里的哲学家和思想家的交谈,开始了解到当时的法国由于实行重商主义政策而出现了严重的经济问题以及财政困难、人民生活困苦等状况,便常常和那些哲学家及思想家一起讨论研究有关政治制度及经济发展的问题,逐渐发展成了被后人所称的重农学派。

18 世纪 50 年代早期,魁奈在狄德罗和达朗贝尔出版的《百科全书》中发表了《明证论》、经济学论文《租地农场主论》以及《谷物论》,由此,开始了作为经济学家的活动。之后,他还为《百科全书》写了一篇形而上学的论文和三篇经济学论文,在《百科全书》被禁止发行后,他所写的《人口论》和《赋税论》后来依然被找到并发表在《经济社会思想史评论》上。1758 年,他撰写了《经济表》的第一版,接着又相继完成了其他两版。而后,他又在 1766 年的《农业评论》上发表了最著名的论文《经济表的分析》,提出了一个经济表的算术图式,并将这个表用于在同一杂志上发表的《第一经济问题》一文中。1767—1768 年,他又相继在《日志》上发表了《中国的专制制度》《印加和秘鲁的统治之分析》等著作。后来,伴随着重农学派思想的衰落,他开始转向了几何研究。在路易十五逝世那年,魁奈选择了退职,并于同年逝世,享年 80 岁。

主要经济思想

关于自然法

魁奈认为,经济领域和社会、政治领域一样,都存在着一种客观的、不以人的意志为转移的并处于统治地位的秩序,即自然法。人类虽生活在社会中,但也应该遵循自然法。自然法是一种规律,包括自然规律和神定规律。自然规律既可以是客观的物质规律,也可以是主观的道德规律。神定规律是实际物体的运行规则。魁奈指出,所有的人、权都要遵循自然法,因为这个自然法是神制定的,是至高无上的,是为了使人类朝着最有利的秩序发展而制定的管理秩序或者规则,其实质是国家或者社会最高权力机关制定的体现公正的规则或法律,它的目的是维护国家的政治稳定、社会安定,改善民风,维持统治秩序。基于此,他认为通过自然法,人类可以通过观察事物现象,寻找事物间的内在联系,分析其必然性,最终达到探寻自然秩序的目的,而且人类要服从于自己所探寻到的自然秩序的规律。根据这种自然秩序,他后来又指出,是农业提供了原材料,给君主和土地所有者交税租,给他们以收入,给耕作者以利润,这样循环再生产从而创造了财富,促进了工商业的发展,维持着国家的繁荣,所以,他认为农业是"一切利益的本源",是创造和保卫财富的必要力量,统治者必须要重视农业的发展。

关于"纯产品"

魁奈认为,当生产出来的总产品扣除掉生产和劳动资料及其他一切在生产过程中的耗费后的剩余产品即为纯产品,它作为国家以及土地所有者的收入。在他看来,纯产品必须满足两个条件:一是生产纯产品的部门必须有财富的倍增;二是纯产品是在自然的恩赐下产生的。比如农业生产部门,先将一定数量的种子播种下去,然后其产出的一部分用于补偿生产过程中的物质消耗及人力消耗,另一部分即为净增加额。在农业生产过程中,有自然力的参与却不要任何报酬,这就实现了财富的倍增。所以,魁奈认为,农业是生产纯产品的生产部门。与农业相比,工业生产只是简单地把所有原料、工具及劳动的耗费相加起来,生产工业制成品,这个制成品并没有实现财富的增加,所以不存在余额,即工业部门不生产纯产品。

以是否生产纯产品为基础标准,他把社会成员分为三个阶级:一是从事农业而生产纯产品的生产阶级,包括农民和农业资本家;二是不从事农业但以地租形式占有纯产品的土地所有者阶级,包括地主、国王及教会;三是从事工商业的不生产阶级,包括手工业者和工业资本家。他在《人口论》中指出,那些制作货物并领取工资的人并没有真正地创造财富,因为,他们得到的工资已经抵消了他们制造出的货物的价值,他们的劳动产品等同于他们生活所需要的费用,所以,他们并没有创造出财富,社会财富当然也并没有增加。而那些在土地上进行的劳动,生产出的价值往往超过其生产费用,每年都有纯产品,有额外收入,从而创造了社会财富。所以,他指出,生产阶级创造了纯产品,使得社会各个阶层获得相应的收入和生活资料。土地所有者阶级在占有以货币表示的收入后进行消费,正是因为有了他们的消费,价值又被分配给其他两个阶级,通过流通使得再生产过程得以持续。同时,土地所有者阶级的消费倾向也决定了再生产规模的大小。

关于《经济表》

魁奈曾向米拉波写信提出他想用抽象的方法研究经济学,制定一张能够体现经济秩序的表,较为简单地勾勒出收入和支出的关系,使当前的经济组织状态及其运行框架更容易被大众理解。随后,其于1758年底完成了《经济表》,后又加以改进和完善,最终他至少绘制了12个版本的《经济表》。后人根据绘制的时间和繁简程度将这些表分为原表、略表和图式表三类,其中原表包括前三个版本,略表包括《农村哲学》中出现的4幅图表,图式表包括在《经济表的分析》《第一个经济问题》《第二个经济问题》中出现的5幅图表。此外,后人还有一种分法,根据收入或支出流量的均衡状况划分为均衡模式和非均衡模式,均衡模式包括7个表,非均衡模式包括5个表。

《经济表》有一定的假设条件:首先,大量实行大规模经营的租地农业,不存在小农经营;其次,价格具有不变的特点,不存在市场价格与自然价格的偏差;再次,只研究简单再生产的过程,分析三大阶级之间的流通;最后,研究的是封闭经济状态下的生产及流通过程,不考虑对外贸易的情况。当然,他的生产与流通过程都是基于生产阶级、土地所有者阶级、不生产阶级这三个阶级以及农业和手工制造业这两个产业而分析的。

在流通开始前,生产阶级向生产过程投入100亿利弗尔的原预付(固定资本),原预付可以用10年,则每年折旧10亿利弗尔。再假设每年投入20亿利弗尔预付(流动资本),则生产过程每年需要投入30亿利弗尔资本,创造50亿利弗尔的总产品,即有20亿利弗尔的纯产品。在生产阶级生产的这50亿利弗尔的总产品中,30亿利弗尔的产品准备进入流通领域,20亿利弗尔的种子及食物不进行流通;总产品中有40亿利弗尔的粮食和10亿利弗尔的工业原料。对于不生产阶级来讲,其每年投入10亿利弗尔的资本,产出20亿利弗尔的工业产品,包括10亿利弗尔的消费品以及10亿利弗尔的农具,全部进入流通。对于土地所有者阶级来讲,其会从生产阶级那里取得20亿利弗尔以货币形式表现的地租,而这20亿利弗尔的货币就在初始的流通中扮演着交换媒介的角色。

流通的过程包括商品流通和货币流通。首先,土地所有者阶级在得到 20 亿利弗尔的地租之后,花 10 亿利弗尔向生产阶级购买粮食,于是,10 亿利弗尔粮食由生产阶级转到土地所有者阶级,10 亿利弗尔的货币由土地所有者阶级流通回到生产阶级手中。其次,土地所有者阶级又花费另外的 10 亿利弗尔向不生产阶级购买工业制品,于是,10 亿利弗尔的工业制品由不生产阶级转到土地所有者阶级,满足了其消费需要,10 亿利弗尔的货币由土地所有者阶级流转到不生产阶级手中。不生产阶级把刚刚卖掉工业制品所得的 10 亿利弗尔的货币用来向生产阶级购买工业原料,于是,10 亿利弗尔的的工业原料从生产阶级转向不生产阶级,10 亿利弗尔的货币又从不生产阶级流通到生产阶级手中。生产阶级又把这 10 亿利弗尔的货币用来向不生产阶级购买农具,于是,10 亿利弗尔的农具由不生产阶级转到生产阶级,10 亿利弗尔的货币又从生产阶级流通到不生产阶级手中。最后,不生产阶级又用这 10 亿利弗尔的货币向生产阶级购买粮食,于是,10 亿利弗尔的粮食转到不生产阶级,满足了其需要,10 亿利弗尔的货币最终又回到了生产阶级的手中。结果,对于土地所有者阶级来讲,其用 20 亿利弗尔的货币地租换来了 10 亿利弗尔的口粮和 10 亿利弗尔的工业制品,满足了他们的基本需要;对于不生产阶级来讲,其得到了 10 亿利弗尔的工业原料和 10 亿利弗尔的口粮,满足了他们这一年的生活需要及工业生产需要;对于生产阶级来讲,其得到了这一年所需要的农具,使得这一年折旧掉的 10 亿利弗尔资本得以补偿的同时,还收获了 20 亿利弗尔的种子和口粮,回收了 20 亿利弗尔的货币,进行再生产时,将 20 亿利弗尔的货币作为地租交给土地所有者,从而使再生产得以恢复和继续。因此,他的《经济表》实质上是对简单再生产的原理进行了一定的阐释。

经济表图式如图 4-1 所示。

再生产总额：50亿利弗尔

生产阶级年预付　　　土地所有者的收入　　　不生产阶级年预付资本

20亿利弗尔　　　　　20亿利弗尔　　　　　　10亿利弗尔

用于支付收入和原预付的利息

10亿利弗尔

10亿利弗尔

10亿利弗尔

10亿利弗尔

10亿利弗尔

10亿利弗尔

合计：20亿利弗尔

其中一半是这个阶级
保留下来作为第二年的预付

年预付资本支出：20亿利弗尔

合计：50亿利弗尔

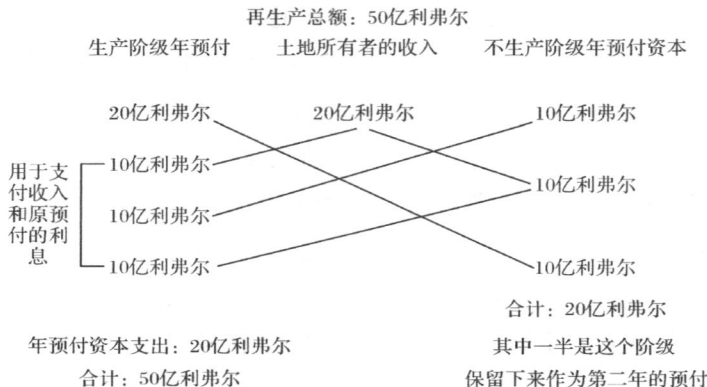

图 4-1　经济表图式

关于经济繁荣

　　魁奈认为商业的自由发展是符合自然秩序的,统治者必须创造出充分的自由竞争的商业环境,让其自由发展,这样才有利于贸易的发展。他以小麦的耕种与贸易为例,指出,当英国只想耕种本国所需要的生活资料时,其往往不得不向外国购进小麦,而当其把小麦作为对外贸易的商品时,国内的耕种量就大大增加,因此,自由贸易的思想在生产领域也同样适用。此外,他还认为,一个国家要想实现经济的良好运行,需要借助于"大农经营"(即运用资本达到相当规模的、以资本主义生产方式进行的农业经营)的发展,逐渐以"大农经营"的方式取代"小农经营"(较为分散的、小的农业经营)。富裕的租地农场主是有足够能力来进行大规模土地经营的,他会出于自身的利益而行事,会用各种手段来追求个人利益,且这种利益往往与社会利益是一致的。在他看来,相较于小规模来讲,大规模经营农业更有助于实现经济的快速发展与繁荣。虽然他非常主张经济与贸易的自由发展,但他认为"政府之手"在适当的时机也应该发挥一些作用,比如,当涉及国家收入的一些政策裁决,促进地方或国家财富增加的一些管理政策的制定,保证国家安定、财产安全的一些规定,关于利率的制定等领域时,政府的适度干预往往比自由发展的效果要好很多。

---

① 魁奈.魁奈《经济表》及著作选[M].晏智杰,译.华夏出版社,2006:356.

关于财富与货币

魁奈曾在其文章中,对有使用价值而没有交换价值的物品与既有使用价值又有交换价值的物品进行了区别,并指出既有使用价值又有交换价值的物品才是财富。他指出,土地本身并不是财富,但当土地能够满足人们的需要,且数量有限时,人们购买它,它就成了价值比较高的财富。所以,他认为,要想成为财富,首先,要具有使用价值,能够满足人们的某些需要。其次,要具有交换价值,能够交换到其他具有交换价值的产品。

此外,他还区别了货币与一般财富。魁奈指出,货币只是一种贸易工具,是流通中的价值尺度,而非消费性财富,并且贸易中利益的增加与货币的增加没有必然的关联性,财富可以弥补货币的不足。另外,他还通过一系列事例来证明财富对于维持人们的生存和生活是必要的,对于促进生产也是很重要的。比如,农民若不是受到贫困的刺激就不会去劳动;耕作者若不是一开始有资本投入,就不会期待以后有更大的收成等。最后,他提出了一些保证充足的财富用于生产的措施,例如,避免居民逃到国外而使国内财富减少,促使富裕农场主的子弟永久待在农村耕种土地,实行"大农经营",避免"小农经营"等。

关于人口与财富增长

魁奈认为,人口的增长决定了财富的增加及财富和劳动力的使用方法,但人口的繁殖又受到收入和支出的影响,所以,一个国家的人口增长和该国财富的生产应该总是相适应的,消费资料的增长也要与人口增长及人口消费需要相适应,人既是财富的创造者又是财富的消费者。他曾在《租地农场主论》一书中,根据圣莫尔的计算来推算王国中的人口与小麦消费的关系,明确指出:当人口数量比小麦数量多时,人口数量的增多会引起需要的增多,从而降低人民的富裕程度,而且,人口数量多于小麦数量的程度越大,人民生活越贫穷。因此,他不断地强调人口与消费资料之间应保持一定的比例关系,使两者相适应。另外,他以谷物为例,指出谷物价格的提高会增加农民的收入,农民收入的增加会助长人口的增多,而人口的增多又会带来消费需要的增加,进而带来谷物和土地收入的增加,进而再促使人口的增多,如此不断循环。也就是说,收入的增加带来人口的增加,人口的增加又带来收入的增加。此外,他还指出,农业的复兴需要以农村人口的增加为前提,因为农村劳动力的缺失会带来财富数量的下降。工业雇佣劳动力的时候应该考虑到不妨碍农村土地耕种的需要,否则就会造成财富的损失。为了稳定和吸引人口留在农村,他提出了一系列主张,包括改革土地税收、对外发展贸易、稳定农产品价格、免除一些兵役等。最后,他还提出应该针对不同的行业和部门,对劳动力进行合理的配置和训练。他认为,在关注人口为国家带来实际利益的同时,也应该考虑把劳动力配置到比当前的工作岗位更有利的行业或者工作中去,这样更有助于使其发挥最大效用,为社会创造更多的财富。

贡献与影响

魁奈在关于自然秩序、纯产品及财富等的经济思想中,始终强调了农业的重要性,区别了财富与货币,这些思想对法国当时盛行的重商主义政策是一种有力的打击,唤醒了统治者对农业发展的重要性的认识,从而改善了当时农民贫困的社会状况。他提出的自由贸易结合"政府之手"的思想,在当时的社会背景下,对统治者的治理工作也起到了一定的指导作用。

尤其魁奈的《经济表》,并不是单纯的图表,而是一种理论分析的工具。《经济表》首次把财富的再生产及流通过程用图式结合数学推算抽象地概括出来,对当时法国经济社会中财富的流通及简单再生产过程做了详尽的阐释,是为了解决当时法国的现实经济问题和振兴国民经济而制订出来的。它以简明扼要的形式,通过描述社会各阶级之间的商品流通运动,试图论证资本主义社会生产和再生产的客观过程,阐明了社会总产品的再生产及其在价值形式和实物形式上是如何进行补偿的,为当时理论经济学的研究发展做出了巨大贡献。

魁奈在经济思想史上的巨大贡献表现在:首先,强调在自然秩序中农业尤其重要。这一思想,为重农学派的创立奠定了坚实的思想基础,起到了有力的引领作用,对后来的经济学理论产生了重大影响。其次,关于纯产品及财富的思想见解,为政治经济学中的剩余价值、使用价值、价值、交换价值等的定义和判别提供了理论指导。最后,魁奈在分析社会总资本再生产和流通问题时,所提出的假设条件极富有创见性。《经济表》运用了抽象法,抽象掉了考察和探索中不必要的因素,而对本质问题进行科学和集中的分析研究,从而使阐述的主要问题得出明晰清楚的结论。他在《经济表》中对于社会总产品再生产及流通过程的分析与图式,为后来的经济学家关于再生产的研究提供了坚实的理论基础,也为他们开辟了一种经济学研究的新方法、新视角。这种分析方法给后人以极大的启示。比如,马克思的两大部类理论,列昂惕夫的投入-产出表的经济计量分析方法,都受到魁奈经济表的启发和影响。

杜尔阁

生平

安·罗伯特·雅克·杜尔阁(Anne Robert Jacques Turgot,1727—1781 年),法国的政治家和经济学家。他于 1727 年出生于法国巴黎的一个贵族家庭,早期接受过神学教育,获得神学学士学位,并于 1748 年被任命为神学院院士、名誉副院长。3 年后,他放弃了神职开始从政,在巴黎担任公职。在此期间,他结识了魁奈及其学派的其他经济思想家,但从来没有参加过他们的派系活动。1761 年,他开始担任利摩日地方行政长官,这一职位他担任了长达 13 年之久,主要负责关于赋税、徭役的改革工作。1774 年,在路易十六即位后,他先被任命为海军大臣后又被调任为财政大臣,任职的第三年年初,他提出了废除徭役、行会、若干苛捐杂税的改革法令,虽然得到了国王的同意,但由于触及了贵族特权阶级的利益,最终被取消,他也被免职。1774 年魁奈的去世以及 1776 年斯密的《国富论》的出版使得重农政策退出历史舞台,杜尔阁的政策和思想自此再没有得到重用。1781 年 3 月,他因痛风去世。

在他任职地方行政长官期间,他认识了休谟,与其建立了友谊,并结识了斯密,《关于财富的形成和分配的考察》一书就是在这个时期完成的。这本书原本是为了帮助两个即将回国的中国留学生向师友汇报法国的情况而草拟的一篇分析性引言,后在《公民日志》上刊登并发行。除了这本著作以外,他早期还在《百科全书》上发表了《集市与市场》和《基金》,并翻译了英国人塔克的《有关商业的重要问题》于1755年出版。

主要经济思想

对"阶级"概念的发展

杜尔阁在魁奈提出的阶级划分的基础上,进一步细分了生产阶级和不生产阶级及其内部的不同阶级,把生产阶级细分为农业资本家和农业工人,把不生产阶级细分为工业资本家和工业工人,两个阶级内部都明确地分为资本家和工人。他指出:企业家、制造业主和雇主阶层,都属于大量资本的所有者,他们通过垫支资本,让别人从事劳动,自己从中赚取利润;另一个阶层则由单纯的劳动者所构成,他们只能依靠双手的劳动来挣取工资,除此以外,一无所有,他们是得不到利润的,得到的只是他们出卖劳动力的回报。他认为,最初的时候,生产者与生产资料没有分离,土地所有者就是土地的耕种者,但随着社会的发展,那些比较肥沃的容易耕种的土地被人以某种方式占领了,留下了那些相对较为贫瘠的土地给后来的人,另外还有一部分没有占领到土地的人,他们不得不从事耕种来换取薪资以满足生活的需要,从而成为被雇佣的阶层。因此,在杜尔阁看来,没有土地所有权的阶层都是土地所有者阶层的雇佣工人,包括农业资本家和工业资本家。他对阶级的划分标准从社会成员与纯产品的关系过渡到社会成员与生产资料的关系。

对"纯产品"概念的发展

杜尔阁对魁奈所提出的纯产品学说是比较认同的,他认为纯产品来自自然的赋予,并强调是自然对劳动的赐予。他指出,农民如果通过劳动创造出了多于其自身需求的财富,就会拥有一笔可以任意支配的财富,这笔财富通过流通,可以激发社会的劳动,农民成为唯一的生产出来的产品超过其自身劳动工资的一种人。因此,他认为纯产品来源于自然的赐予,但以土地劳动的形式创造出来,是土地耕种者通过劳动创造出来的超出其以工资形式得到的产品价值的那部分产品价值。同时,他也指出,纯产品虽然是由土地耕种者、劳动者创造出来的,但却被土地所有者的不等价交换以地租的形式无偿占有了,土地耕种者在为其自身创造生活资料和财富的同时,也为土地所有者创造产品余额。所以,土地耕种者是纯产品的创造者,土地所有者是纯产品的无偿占有者。

对"预付"概念的发展

杜尔阁对魁奈提出的"预付"的概念进行了修正,并以"资本"来代替。他指出,资本有不同的运用方法,不同的运用方法会得到不同的收入。具体来讲,用资本来购买土地可以获得地租;用资本来经营农场、工商业、制造业能够得到利润;把资本贷出去可以获得利息。收入的表现形式看起来不同,但由于地租实质是纯产品,利润和利息又实际是农产品的一部分,因此,实际上所有的收入都是来源于土地的收入。此外,他还认为收入积累起来又会形成资本,企业都是先垫付资本,通过经营得到利润,所以,各行各业所得到的利润应该相等。他指出,无论运用了哪种方法,只要货币的某种运用方法所带来的利润增加了或减少了,资本就会很快地从利润减少的那一方转移到利润增加的这一方。他还将资本的变化定义为储蓄,即收入中超过消费的那部分,这部分商业储蓄可以迅速地转化为真实的资本并且用于投资。

关于工资、利息和利润

在前人已经提出工资是由维持工人所必需的生活资料所决定的基础上,杜尔阁把自由竞争的思想运用到了工资问题上,并提出,工人依靠出卖自己的劳动而获得工资来维持其所需的生活资料,而工资高低由雇佣工人及雇佣者双方进行协议来决定,但由于雇佣工人往往较多,所以在双方的竞争下,工人不得不降低价格,从而使工资趋向于只能够满足工人最基本的生活资料的水平。

关于利息和利润,杜尔阁认为,土地租出去可以得到货币形式的地租,货币又可以买土地,土地租出去再次得到地租,这个地租就是租土地所得的利润，如果货币不买土地而选择贷出去，又可以得到利息，这个利息就是贷款所得的利润。因为放贷者要承担失去本金的风险，所以其得到的利润应当高于租土地者的利润，即利息应当高于地租。在贷款的这个过程中，货币变成了商品，利息就是它的价格，借款者用借来的资本进行营业获得利润，就必须拿一部分利润作为利息支付给资本的提供方，因为对于贷款方来讲，资本的财产所有权是他们的，他们就有权要求利息。此外，他还认为工商业也是有利润的，而这个利润是由于资本家没有把工资完全用于消费，即有工资的剩余，进而成了利润，这个利润主要归结于资本家的节俭。

关于价值与交换价值

在杜尔阁未完成的著作《价值与货币》中，他着重阐述了价值及交换价值。他将价值定义为效用，认为个人的需要、物品满足个人需要的相对能力、生产物品的难易程度都会影响物品的效用价值。他指出交换的目的是使每个人得到更好的利益。他以流落到荒岛的两个野蛮人为例，假设其中一个人有大量的鱼（超出他自己消费的数量），另一个人拥有大量的可以用来搭帐篷的兽皮（也超出他自己的消费数量），这时，双方都会很乐意用彼此的东西进行交换而使自身的需求得到更好的满足。因为双方如果不进行交换，不论是鱼还是兽皮，总有一部分多余的自己消费不掉的会变成没有价值的物品，最终被遗弃。如果进行交换，双方多余的那部分物品就都可以实现其价值，这个过程无关数量的多少。他又提出，假设荒岛上的两个人拥有的物品不是鱼和兽皮，而是玉米和木柴，且两个人必须返回大陆补充供给，此时，物品的存量对他们来讲具有非常大的价值，两个人都会有保留剩余物品的动机，则两个人就会进行权衡和计算，精确地做出对他们效用最大的决策。不论两个人评估的效用是否相同，双方的交换必定是等价的。所以，他认为，在资源稀缺的情况下，不同价值的商品可以做出平等的交换，从而满足交换双方的需求程度。

关于货币

在货币方面，他发现了货币能够作为独立化的价值标准来衡量其他商品的价值。他以羊为例,分析道:"在评价任何其他商品的场合,人们会把一只中等年龄和中等身体状况的羊的一般价值作为他们的估价单位。……而一只羊这个词,在商业用语中就单纯地意味着一定的价值,这使得听见这个词的人在心目中不仅有一个关于一只羊的概念,而且还有被看作是这一价值的等价物的一定数量的各种其他更普通的产品的概念。这一表达方式最后将被用来完全代表一种虚构的和抽象的价值,而不是被用来代表一只真正的羊。"[1]所以,他认为,货币作为一种标准单位,使得所有物品在质的方面是相同的,在量的方面可以相互比较,比较时也可以用想象的或者观念上的货币来进行。此外,他支持货币数量论,认为货币数量会影响货币的价值,只有兑换成金属货币才能保证货币的价值,纸币数量过多对国家的经济影响是极为不利的。

关于税制

杜尔阁认为当时的法国,无论实行的是直接税还是间接税,都通过对各种收入进行征税,最后把税收转嫁到土地所有者身上了,这种制度是不利于农业经济的发展的,农业生产出来的纯产品是剩余价值的唯一形式,因此,应该只对其单一征收地租税,豁免其他各种税赋和徭役。除此之外,他还认为国家征收的关税也是不利于对外贸易的发展的,因为本国在向其他国家征收保护关税时,其他国家会抬高商品的价格从而使征收的关税再次转嫁给本国的消费者,而且太高的税率会使出口国家容易产生"报复"心理,从而不利于双方自由贸易。他还指出,导致法国人民贫穷困苦的一个原因就是税负的分配不公平,主张废除贵族、大地主阶级及特权阶级的免税特权,应当平等纳税。

关于自由贸易

杜尔阁认为重商主义的国家干预政策违反了自然秩序,阻碍了法国经济的发展,提出只有自由竞争、自由放任才能维持正常的经济秩序。他在担任财政大臣期间,通过上书国王,向其指出自由贸易更有利于提供食物,政府不可能有很多精力一直集中在管理商业这件事情上,且政

---

[1] 杜尔阁.关于财富的形成和分配的考察[M].南开大学经济系经济学说史教研组,译.北京:商务印书馆,1983:20.

府的运作也会花费很大精力,造成很大损失,得不偿失。由此,由国王下令解除对谷物贸易的限制和约束,使其自由贸易。之后,他为了推进谷物贸易自由化又分别下诏令废除通行税、过桥税、过路税,甚至入市税,又通过法令废除了商人的垄断组织及垄断团体。在路易十六上位后,又上书废除了巴黎的谷物供给管制,为谷物贸易的自由化彻底扫清了制度障碍。虽然他主张谷物贸易自由化,为其排除了许多限制,但他认为谷物的贸易不能完全撇开政府而放任自由地进行,故而指出,国王以及管制法官应该禁止那些阻碍谷物面粉自由流通的行为,而对弱势的穷人应给予救济,对往国内最需要的地方运进外国谷物的臣民给予特殊保护。

贡献与影响

杜尔阁对阶级的细分以及对纯产品学说的发展都丰富了重农学派创始人魁奈的经济思想,把重农学派的经济思想推向了新的高峰。他提出的土地单一税的税制改革,减轻了人民的税赋负担,改善了人民处于贫穷的状况。他结合魁奈的思想首次提出"资本"的概念,把利润当作一个独立的研究范畴来研究,进而引申出对利息的研究,在吸收前人思想的基础上进行了创新性的突破。他主张的谷物贸易自由化,促进了当时法国谷物的贸易,为法国大革命扫清了前提障碍。

具体来讲,首先,他把生产阶级和不生产阶级内部分别细分为资本家和工人,这种划分方式在一定程度上揭示了资本主义生产关系的内在联系,为后来的政治经济学阶级划分方式提供了基础。其次,他把货币看成是衡量商品价值的标准的主张,也为后来经济学家对货币本质及职能的研究提供了思想源泉。再次,他创造性地把自由竞争的思想应用于工资的学说中,由对利润的研究引申出利息,为后来的经济学家对于相关领域的研究提供了一个新视角。最后,他关于谷物贸易自由放任的思想,促使了经济学家把注意力转移到政府在经济活动及发展过程中的角色及作用的探讨上,扩展并加深了理论经济学的研究领域与深度。

第 5 章　18—19 世纪英法两国的经济思想

18—19 世纪期间,古典政治经济学在英、法两国蓬勃发展。

17 世纪末到 18 世纪上半期,随着分工的日益专业化与技术的革新,英国最早出现了大机器生产制,大规模的农业经济已经形成,使得英国出现大量的、自由的、工资低廉、可以自由流动的劳动力。工业上,许多发明已经出现,尤其是蒸汽机的发明,促进了英国的工业革命。到了 18 世纪中期,外贸取得了惊人的发展,外贸伴随着殖民扩张,使英国夺得了海上霸权,成为最大的殖民帝国。迅速扩大的海外市场,增加了对工业品的需求,进一步推动了工业革命的快速进程,资本主义生产方式随之迅速崛起。19 世纪,工业革命在世界范围推开。

在这样的背景下,亚当·斯密对产业资本、工资、地租、利润、商业资本利润有了新的认识。亚当·斯密发展了古典政治经济学的理论,成为古典政治经济学成熟阶段的集大成者。大卫·李嘉图在亚当·斯密的基础上,继续充实发展了古典政治经济学理论,使得古典政治经济学发展到顶峰。这个时期,古典政治经济学的主要特征为经济自由主义,即个人自由、自利行为、最低限度的政府干预。托马斯·罗伯特·马尔萨斯、约翰·斯图亚特·穆勒也对英国古典政治经济学做出了伟大贡献。由于工业革命的巨大影响,古典政治经济学的影响波及了法国,推进了法国政治经济学的研究与发展,让·巴蒂斯特·萨伊则是法国古典政治经济学的典型代表人物之一。

斯密

生平

　　亚当·斯密(Adam Smith,1723—1790 年),1723 年 6 月 5 日出生于苏格兰法夫郡一个只有 1500 人左右的小镇柯克卡迪(Kirkcaldy)。14 岁进入格拉斯哥大学(University of Glasgow),主修拉丁语、希腊语、数学以及道德哲学。在格拉斯哥大学学习期间,受到哲学教授弗兰西斯·哈奇森的自由主义精神的熏陶。1740 年,斯密获得了奖学金,进入牛津大学学习。1746 年,他毕业后回到故乡柯克卡迪。1748 年,斯密开始在爱丁堡大学担任讲师,主讲英国文学。1751 年,斯密回到母校格拉斯哥大学任教授,主讲逻辑学和道德哲学。1759 年,斯密的第一部著作《道德情操论》出版,使其获得巨大声誉。1764 年,斯密受巴克勒(Buccleuch)公爵之邀,离开格拉斯哥大学,到欧洲大陆旅行。旅行的经历以及在旅行过程中同许多大陆学者的交往,促使斯密经济理论走向成熟,尤其是重农主义的经济学家魁奈对他的影响很大。为了完成自己的研究工作,斯密回到故乡柯克卡迪,开始潜心撰写经济学著作。历时 12 年,经济学巨著《国民财富的性质和原因的研究》(即《国富论》)于 1776 年完成。它的出版标志着古典自由主义经济学的正式诞生。

　　斯密临终前,坚持将未完成的十几部手稿付之一炬。在他逝世后,后人根据他的学生所记的笔记,整理出版了《正义、警察、岁入和军备讲稿》(1796 年)。其他遗稿也被陆续整理出版,如《哲学问题论集》(1793 年)、《天文学史》(1795 年)等。

　　斯密的经济思想集中体现在他的经济学巨著《国富论》中。

主要经济思想

"经济人"学说

　　在斯密的整个经济理论体系中,斯密以利己主义作为自己的立足点,认为人们在进行经济活动时,都首先会自然地关心自己的经济利益,人们在进行交易时,都从各自的实际需求出发,最后得到各自想要的东西。还有,人们每天都要消费的东西,例如食物与饮料,并不是因为烙面师、酿酒家的仁慈而提供给人们的,而完全是因为他们有自己的利益打算。所以,斯密认为追求私利是人们的本性,并且这种追求自己利益的本性和行为最终会使得社会财富增加。斯密用社会分工的好处论证了自己的观点。斯密认为在政治修明的社会里,各行各业都存在着分工,人们可以通过交换获得自己需要的其他东西。出于私利就会努力工作,每个人都是这样的话,社会就会普遍富裕。斯密还指出,人的本性虽然都是自利的,但必定会产生利他的效果。比如生产者雇佣劳动者为自己劳动,是为了满足自己的私利,但是这样的结果是雇佣者的收入会增加,会和生产者一起分享他们的劳动成果,这样最终增加了社会的总福利。

斯密强调,人们在追求自己的私利时,会在"看不见的手"的指引下,无形地增加社会的利益。斯密以资本家为例进行了更进一步的论证。如果资本家把过多的资本投入某种产品上,会导致该商品供过于求,价格下降,利润减少,这时资本家则会改变这种错误的分配,把资本转移到别的产品上。在这个过程中,法律没有进行干涉,政府没有进行干预,完全由个人的自利本性引导人们把资本分配在最合适的位置上,最终促进社会总产品的增加、社会总财富的增长。

分工学说

财富是一国国民每年消费的生活必需品和舒适品,它们或是本国人民直接生产出来的,或是用本国产品同外国交换得来的,总之,劳动是财富的源泉。财富的增长,首先依赖劳动的效率,其次依赖劳动的数量。劳动生产力的提高主要靠分工,例如制针,实行分工,一人一日可制成 4800 枚针,如果他们各自独立工作,说不定一天连 1 枚也造不出来。分工所以能大大提高劳动生产力,原因有三:一是工人的技巧因业专而日进;二是可免除由一种工作转移到另一种工作所浪费的时间;三是便于工具的改良和机器的发明。

之所以出现分工,这是由人类固有的天然的交换倾向所致。人们在交换中发现,与其自己无所不做,不如专做一件事情,生产一种东西,然后互相交换,这样可给自己带来更多利益。然而,分工的范围和程度会受到市场的限制。例如,在人口众多的大城市中,分工就能充分发展;水陆交通运输发达的地方,交换和分工也都发达。相反,交换和分工就发展不力。而分工局面一经确立,一切人都依赖交换来生活。

价值学说

斯密认为交换价值与使用价值是两个完全不同的概念,并对此进行了区分。斯密认为,价值这一个词,有两种不同的意义:第一种表示物品的效用,也称为使用价值;第二种表示当人们占有某种商品时,就有了交换其他商品的资格,这称为商品的交换价值。斯密认为使用价值与交换价值之间是成正比的。当商品的使用价值比较大时,它的交换价值通常就比较大;相反,如果商品的使用价值比较小的话,那么它的交换价值也会比较小。但也有例外情况,使用价值与交换价值成反比,这是由于丰富或稀缺造成的。比如水,虽然水的使用价值很大,但是水资源丰富,可以自由获取,所以,水的交换价值就小;相反,金刚钻的用途比较小,但是因为它稀缺,所以,换取金刚钻需要用较多的商品,因而有比较大的交换价值。

在这个基础上,斯密又对交换价值真正的衡量标准进行了分析。斯密认为,从一个人所购买的生活必需品、便利品以及娱乐品可以反映出一个人的富裕程度。但是,自从有了社会分工以后,每个人都会从事极少的生产活动,所以,每个人所需要的生活用品极小部分来源于自己生产,大部分的生活用品依赖于别人的生产活动。此时衡量一个人是否富裕的标准就是看一个人所能支配的劳动的多少。当一个人拥有一件货物时,但是他不愿意自己享受,他可以用该物品交换别的商品,对他而言,这件商品的价值就是他所能支配的劳动量。所以,衡量商品的交换价值的真实尺度是劳动。但是,斯密认为生产商品的劳动的质量是不一样的,还要考虑劳动的困难程度与技巧程度。由于劳动困难程度与技巧程度无法测量,所以,用劳动估计商品的价值是十分困难的。斯密还指出 1 小时难度大的工作要比 1 小时难度小的工作包含的劳动量多。再如,如果一项工作需要培训 10 年才可以胜任,那么这样的劳动者工作 1 个小时所包含的劳动量或许比普通人工作 1 个月所包含的劳动量还要多得多。

斯密对商品本身的价值量进行了分析,提出了另外一个概念,即商品的真实价格。商品的真实价格是指为获得该商品所付出的辛苦与麻烦。斯密认为在初期野蛮社会没有资本积累的情况下,商品才会按照生产它们时所需的劳动量进行交换。但是,到了资本主义社会,由于资本积累以及土地私有制的出现,此时一件商品的真实价格不仅包括补偿劳动者的工资,还包括土地的地租收入与资本的利润收入。所以,斯密认为工资、利润、地租是交换价值的根本来源。

价格学说

斯密沿用了配第的"自然价格"概念,并且对自然价格进行了详细的阐述。斯密认为在每一个社会及其邻近地区,存在着平均的工资率、利润率以及地租率,斯密称之为工资自然率、利润自然率或地租自然率。并且斯密指出,如果商品的价格恰好等于从生产到运送该商品到市场上所需用的费用,又恰好等于在自然率下支付工人、生产者以及土地所有者的工资、利润以及地租,那么该价格就是商品的自然价格。商人售卖商品的价格不会低于其自然价格。

斯密认为商品在市场中实际卖出去的价格叫作市场价格,并且基于商品的供求关系,市场价格一般会围绕着商品的自然价格上下波动。斯密又定义了有效需求,认为能够支付商品的自然价格的人的需求是有效需求。当市场上的有效需求大于供给量时,商品的市场价格会高于自然价格,则会吸引更多的投资者进行投资,这样会使总供给增加,价格就会下降;相反,当商品的有效需求小于供给量时,商品的市场价格就会低于自然价格,则供给者就会撤出投资,又使得供给量减少,商品的价格就会提高。但斯密认为,由于商品的有效需求是相对稳定的,所以市场价格主要取决于商品的供给与成本,而且在长期中,商品的市场价格会接近其自然价格。

工资学说

斯密在分析衡量劳动的价值尺度时,将社会分为早期没有资本的野蛮社会以及资本主义社会。所以,在分析工资时,同样把社会分为这两个时期。在早期没有资本的野蛮社会中,劳动生产物是完全由劳动者创造出来的,所以,劳动生产物归劳动者所有,劳动生产物就是劳动者的自然工资。但是,在资本主义社会,有了土地私有,有了资本积累,劳动生产物不再归劳动者所有,而是归劳动者、资本家与地主共同所有。

斯密认为劳动和平常的商品一样,也具有自然价格与市场价格。劳动的自然价格是保证工人及其家庭可以得到最基本的生活资料的价格。劳动的市场价格是劳动力市场上实际买卖劳动力的价格。劳动的市场价格也会受到劳动的供求关系的影响并围绕自然价格上下波动。

斯密还认为国民财富的增减变化,会直接影响到对劳动的需求,从而影响到工资水平。对此,斯密分别以三种不同类型的国家为例予以对比分析。一是北美国家。这些国家的财富在不断地增加,对劳动的需求也在不断地增加,虽然这些国家的人口也不断地增加,但劳动力仍然供不应求,所以,这些国家工人的工资水平普遍比较高。二是印度。国家的财富在逐渐减少,对劳动力的需求在逐渐减少,印度的工资水平普遍都比较低。三是中国。国家的财富不增不减,对劳动的需求基本稳定,工资也比较稳定。所以,斯密指出,当国家的财富增加时,劳动所得的工资报酬自然也会增加;反过来,劳动所得的工资报酬越丰厚,表明国民财富越充裕。如果劳动者的工资不能够维持自己的生活,表明社会财富匮乏,社会生产停滞不前。

利润学说

斯密认为,在没有资本积累的原始状态,利润是从劳动者对原材料的加工、增值中扣出来的一部分。但是,当资本积累形成以后,生产者在进行生产活动时,从制造商品到把商品运到市场上售卖,这个过程除了要给劳动者支付工资报酬,也要给资本所有者支付报酬即利润,这是资本家正当的生活资源。

斯密还分析了利润的变化趋势,认为利润会随着资本的积累和国家财富的增加而减少。因为,在同一个行业中,投资者之间的竞争会导致利润的下降,那么,社会上各个行业都会面临这样的情况,结果就是各个行业的利润都会下降。斯密在分析利润的基础上对利息也进行了分析。斯密认为利息是利润的一部分并随着利润的变化而变化,利息率也随着利润率的增加(减少)而增加(减少)。并且认为利息率是利润率的一半。

地租学说

斯密认为,当土地私有化时,土地所有者即地主也会想和资本所有者一样不劳而获,对土地的生产物要求地租。同时,劳动者在进行耕种时,必须用到土地,所以,劳动者为了得到收获劳动产物的权利,不得不将一部分劳动产物或者说是利益让渡给土地所有者,这样就形成了地租。因此,斯密指出,地租是劳动生产者所生产的价值的一部分。地租的大小是在扣除工资、平均利润、资本损耗以及其他生产费用之后,租地人所能支付的最高额。斯密进一步指出,由于土地私有权的存在,劳动者在使用土地时必须给予土地所有者地租,所以,地租是一种垄断价格。工资、利润、地租与商品价格的关系是,工资与利润的高低决定商品价格的高低,商品价格的高低决定地租的高低。但地租同工资与利润一样,都是价值的一部分。

货币学说

斯密从分工出发,认为每个人所需要的大多数物品,都是通过与别人的交换得到的,这样,交易的种类越来越多,交易的难度也越来越大。这时,货币作为交易的媒介物就诞生了,使交易方便起来。历史上不同时期的媒介物有牛、羊、盐、贝壳、丝绸、金银等。但由于金银的特殊性质,如价值稳定、易于切割、便于携带等,金银便被固定为交易的媒介物,被称作货币。货币的主要职能是价值尺度与流通手段。因为,货币虽然是一种特殊的商品,但与普通商品一样是劳动的产物,含有一定的劳动量,具有价值。所以货币具有价值尺度的职能。斯密把货币比喻成"巨大的流通轮子",是流通的一种工具,对国家的经济运行有重大作用。

资本学说

资本,即人们希望借以取得收入的那部分资财。资本分为流动资本和固定资本。流动资本是指用来生产、制造或购买物品,然后卖出去以取得利润的资本,它包括货币、食品、材料、制成品。这种资本之所以被称为流动资本,是因为它必须不断地以一种形态用出去,以另一种形态收回来,并只有依靠这种流通才能带来利润。固定资本是指用来改良土地或购买机器和工具等所费的资本,它包括机器、工具、营业建筑物、土地改良设备以及人们学得的有用才能。这种资本之所以被称为固定资本,是因为它无须通过改变所有者或流通就能提供利润。这样,国民总资财分为三部分:一是供目前消费的部分;二是固定资本;三是流动资本。第一部分不断被消费,第二部分经常被消耗。这两部分全靠流动资本中不断抽取出来的原料、食品及制成品不断补充。而第三部分,即流动资本,本身的不断增补,又要依靠土地产物、矿山产物和渔业产物这三个来源。

劳动学说

斯密认为劳动可以分为生产性劳动与非生产性劳动。有一种劳动,加在物上,能增加物的价值;另一种劳动则不能。前者是生产性劳动,后者是非生产性劳动。如制造业工人的劳动,通常会把维持自身生活所需的价值与提供雇主利润的价值,加在所加工的原材料的价值上。反之,像家仆的劳动,虽然也应得到报酬,但不像制造业工人的劳动可以固定并实现在特殊的商品上并持续一段时间,它是即时消费的。故制造业工人的劳动为生产性的,家仆的劳动是非生产性的。君主、官吏、牧师、医生、文人、演员、歌手、舞蹈家等人的劳动也都是非生产性的。由于资本总是维持生产性劳动者,而作为利润或地租的收入部分,则可能用来维持生产性劳动者,也可能用来维持非生产性劳动者。用来维持生产性劳动者的那部分利润和地租,就转变成资本。

国家学说

斯密在国家起源这个问题上与配第等人的观点是一样的,都是从自然权利的角度出发。斯密说,自然权利的来源是十分明显的。人们一生下来就是自由的,没有人可以随意剥夺这种自由权利。人们也有权利使自己的财产不受到侵犯。所以,人们希望建立政府可以保护自己的这种权利。斯密认为每个人都可以按照自己的方式自由地追求自己的利益,用自己的劳动和资本去和别人自由竞争,政府完全不必干预经济,这样,人们才会在自由市场中找到适合自己的职业。而且斯密认为政府本身存在缺陷,并不完全具备指导经济运行的能力。但是,国家也有一定的职能,具体来说,有三个方面:一是保护国家不受别的国家侵犯;二是要建立公正的司法机关,保护社会公民,包括他们的财产权等各种权利,尽量使社会上每个人都可以享受到公平、平等的待遇;三是可以做一些有助于提高人民生活质量的事情,比如在公益事业上加大投资。

财政和税收学说

斯密根据国家的职能分析了国家需要的费用,认为国家需要的费用主要用于国防军备,建立公正的司法机关,以及对社会有利的公益设施。斯密主张政府要节俭,打造一个清明廉洁的政府。国家的收入来源主要是税收与债券,国家主要就是保护公民的利益,所以,税收应该由受益人即公民承担。斯密对税收的来源进行了分析。斯密认为税收的来源有三个,即地租、利润、工资。在他看来对工资以及利润征税并不是很好的建议。因为资本家会通过提高价格的方法,把由于征税导致的工资增加与利润减少所带来的损失转嫁给消费者。所以,对地租征税是最合适的。但是,斯密认为只要遵循一定的原则就可以对工资与利润进行征税。这些原则主要包括以下四点:①公平。征税对象为所有国民,并且征税的多少与国民收入有关,收入越多,所缴纳的税就要越多。②确定。为了节省劳动的工作量,所以缴税的数量、方法以及日期必须确定。③便利。为了缴纳者方便,日期与方法都应该以缴纳者便利为主。④经济。政府应该节俭,应该努力使所征的税都成为国家的收入。

经济自由主义学说

斯密的经济理论基础是利己主义,即经济活动中每个人追求私利的结果会使整个社会的利益增加,并且会使得国家的财富增加。斯密对国家财富增长的方式做了分析,斯密认为,随着社会的进步,社会上

的资本投资,首先应该投资在农业上,其次投资在工业上,最后投资在
国外贸易上。这种顺序是极其自然的。因为只有先有了土地以后,才
可以进行开垦,发展城市。只有有了城市以后,一些制造业才可以发展
起来。当国家富裕一些以后,就会有人愿意投资对外贸易。并且斯密
举例说明了欧洲封建旧制度对工农业发展的阻碍,对重商主义中各种
干预经济的政策进行了猛烈的抨击,认为其做法阻碍了财富的自然发
展,应该放任资本与劳动的自由发展。因为,无论什么样的国家措施,
在某种程度上都是国家指导私人如何应用他们的资本,结果有可能会
使得劳动与资本由有利的地方转到不利的地方。所以,斯密反对国家
干预,提倡资本、劳动以及各种生产要素自由流动。在斯密看来,国家
应该废除限制制度,让经济自由竞争。在对外贸易方面,斯密提倡自由
贸易原则。斯密认为,如果限制某种商品进口,从表面上看,似乎是保
护了本国的工业,但实际上,会使本国的资本以及劳动从有利的部门转
移到不利的部门,反而会造成生产力下降,对国家财富的增加不利。所
以,斯密认为应该提倡自由贸易,才可以使得本国的资本以及劳动流向
有利的部门。但是,斯密在某些方面还是肯定了国家干预的做法,例
如,在进行征税时需要国家的干预,也承认了在某些场合限制外国商品
输入是合理的。

国际贸易理论学说

斯密把他的国内分工理论扩展到国际领域。

斯密认为,每个国家都有自己的优势,这种优势可以是由自然原因
造成的,例如气候、土质等自然条件,也可以是后天经过反复锻炼形成
的,例如熟练的劳动技术。这两种优势都可以使该国降低商品的生产
成本,在国际市场上更具有价格优势。所以,斯密认为分工可以发展到
国与国之间的国际分工,可以通过国际贸易互通有无,共同提高劳动生
产率。

斯密进一步将分工优势分为绝对优势和相对优势,并且认为绝对
优势是一个国家进行对外贸易的基本原则。如果一国相对另一国在某
种商品的生产上有更高的效率,则该国在这一产品上有绝对优势。关
于相对优势的情况,斯密是这样分析的:虽然最富裕的国家在制造业

与农业方面都对贫困国家而言有绝对优势,但是贫国生产的小麦,在品质与价格方面有可能更优于富国,所以,贫国在农业方面具有相对优势。

贡献与影响

斯密的经济自由思想以及"看不见的手"理论,是经济思想史上的一根主线。李嘉图继承了斯密的劳动价值理论、分配理论、国际贸易理论等,在斯密理论的基础上,提出了比较优势理论,创造了自由经济理论的巅峰。马歇尔选择性地吸收了斯密的经济自由理论,借鉴了斯密的人们都具有利己的本性并且这种本性会使得整个社会受益的理论以及"看不见的手"理论等,形成了自己所独有的理论体系。凯恩斯在斯密的基础上,认为经济虽然要受到政府的制约,但是并不否认自由主义、个人主义在市场经济的竞争中有着巨大的作用。弗里德曼十分推崇斯密的经济自由思想,提倡市场经济应在自由主义下运行。马克思在批判的基础上继承了斯密经济学理论的科学成分,完成了《资本论》。

斯密的《国富论》是经济思想史上第一本系统地论述经济思想的著作,对未来的经济学发展起着最为基础性的作用。他的"看不见的手"理论清晰地阐述了市场中的利益驱动机制,使人们更好地理解了市场经济中资源配置的高效性。斯密的分工理论推动了劳动生产率的提高,大幅增加了社会财富。斯密的价格理论,分析了商品及劳动的真实价格与名义价格,指出名义价格总是围绕真实价格波动,并指出商品之间的交换实质上是生产商品的劳动量之间的交换,明确了劳动是一切财富的根本源泉。斯密的货币理论分析指出,货币是从众多商品中分离出来的人人可以接受的一种特殊商品,具有一般等价物的功能。在现代社会,斯密的国家职能理论、税收理论以及国际贸易理论,依然具有伟大的现实意义。

萨伊

生平

让·巴蒂斯特·萨伊(Jean-Baptiste Say,1767—1832年),出生于法国里昂商人家庭,少年时代当过店铺门徒,后来随其兄长到英国一个商业学校求学。在英国,他目睹了英国工业革命的发展,并且阅读了斯密的著作,对斯密表示十分敬仰,称自己是斯密的信徒。从英国回来以后继续经商。1790年开始写作。1792年投笔从戎。1794年任《哲学、文艺和政治旬刊》主编。后来出版了《政治经济学概论》,但是,因该书反对拿破仑的保护关税政策,所以被禁止发行。为此,他离开学术界,开办了一个棉纺厂。后来波旁王朝复辟,他又恢复了研究工作。1814年再版《政治经济学概论》。1816年起,先后在法国阿森尼大学和工艺学院讲授政治经济学原理,是法国讲授这门课的第一人。他把自己的讲稿整理成书,即《政治经济学教程》,并于1828—1829年出版。1830年起任法兰西学院政治经济学教授。1832年11月逝世。

萨伊的经济思想主要体现在他的《政治经济学概论》一书中。该著作主要以财富为研究对象,包括财富的生产、财富的分配以及财富的消费。

主要经济思想

关于经济学的研究对象以及方法

萨伊在《政治经济学概论》开篇中,就引出了政治经济学的研究对象问题。萨伊指出,一个国家的财富越多就说明这个国家越繁荣,所以,政治经济学的研究对象主要就是财富。并且萨伊明确指出,他所研究的财富并不是天然的财富,而是社会财富,具有内在价值的财富。

萨伊认为,科学主要包括叙述科学与实验科学两类。而政治经济学是关于财富是如何发生的科学,所以,萨伊把政治经济学划分到实验科学里面。另外,他认为不应该把政治与经济混在一起,这样会使得经济受到政治的干扰而不能自由活动,应该把二者严格地分开。研究经济学就像研究物理学一样,人们要去探究它的规律性,这样使得政治经济学更加规范化、系统化。萨伊始终认为政治经济学是研究财富将如何生产、分配与消费的科学。

关于生产三要素

在萨伊的《政治经济学概论》中,第一篇就写了关于财富的生产问题。萨伊认为生产不是创造物质,而是创造效用。物品有满足人们的某种需要的内在力量,这种力量就是物品的效用。而物品的效用构成了物品的价值基础,换言之,物品也就具有了财富基础。所以,萨伊认为物品的价值由财富构成,生产财富也就是创造价值。生产活动过程就是创造效用的过程,也就是创造财富的过程。萨伊对效用的产生做了分析。明显地,生产要素不可能仅仅只有劳动,因为只有劳动创造不了效用,还需要有生产工具,需要原材料、生活资料,需要土地的作用。所以,某种商品的效用或者说某种商品的价值主要由劳动、资本与土地这三部分构成。劳动、资本、土地就是生产的三要素。

关于分配

萨伊提出了生产三要素之后,在此基础上又提出了分配理论。萨伊认为,既然效用是由这三种要素共同创造的,这三种要素是创造价值的源泉,那么各个要素的所有者都应该获得各自的收益。工人可以得到相应的工资,资本家可以得到利润,土地所有者获得地租。并且萨伊对利润进行了划分,认为利润包括两部分,即资本的利润与使用资本的劳动的利润。前者是对资本所支付的,后者是对企业家的管理所支付的工资。人们可以利用土地进行生产性活动,所以,土地所有者也可以在土地方面收获一部分报酬即地租,这是对土地所有者节约与勤劳的奖赏。萨伊在分析地租时做了举例说明,如果一个土地所有者运用自己的智慧再加上自己的节俭,会使年收入增加 5000 法郎,此时对他的个人所得税征收 1000 法郎,那么,还剩余 4000 法郎,这 4000 法郎就可以看作土地所有者的地租①。

关于经理与资本家的收入

萨伊认为,公司经理应该获得相应的报酬。一方面,因为公司经理会将一部分资本投入公司,所以公司经理就有权利从公司利益中获得一部分利息作为自己垫付资本的报酬;另一方面,公司经理管理公司也付出了一定的劳动,也有权利获得一定的工资作为自己劳动的报酬。他获得报酬的高低主要取决于他垫付资本的多少,以及经营管理能力的大小。而企业家应该获得比经理更高的报酬,因为企业家必须具有更高的融资能力以及专业知识,企业家必须有能力将资源由生产率低的领域转移到生产率高的领域,这样的企业家是难能可贵的,所以企业家的报酬应该比经理高。

关于价值

在分析生产三要素时,萨伊已经指出,一种商品的价值是由该商品的效用决定的,效用是价值的基础和来源。萨伊认为效用越大,价值就越大;效用越小,价值就越小。而效用大小又和估价者有关,估价者的判断力、知识、偏好以及消费习惯等都会影响到对效用大小的评判。每个人对效用大小的评估都不一样。萨伊认为,虽然效用是价值的衡量标准,但价格高低可以反映价值的大小。价格的高低又受到供求关系的影响,价格会随着需求的增加与供给的减少而上升;反之,价格就会下降。从价格的角度出发,价格是由生产费用决定的,生产费用是最低的价格。而生产费用又是由购买或者租用这三种生产要素所支付的费用所决定的,所以,萨伊认为商品的价值可以由生产费用决定,即由工资、利息与地租三要素决定。

萨伊定律

萨伊认为,一种商品的出售就是另一种商品的购买。当一种物品被生产出来时,就为与它的价值相等的另一种物品开辟了一条销路。即,当一种商品生产出来以后,生产者因担心商品在自己手中丧失价

---

① 萨伊. 政治经济学概论[M]. 陈福生,陈振骅,译. 北京:商务印书馆,1997:535.

值,所以,总是急于把商品卖出去。同时,生产者认为货币易于毁灭,所以,也会急于将获得的货币花出去来购买新商品。所以,一种商品的生产就为其他的商品开辟了新的销路。于是,萨伊提出了"供给产生需求"的论断,这就是"萨伊定律"。意即,如果有一些商品销售不畅,并不是因为货币短缺或需求不足,而是因为供给不足或偏离了消费者的意愿。萨伊进一步分析了商品与货币的交换现象,萨伊认为在交易过程中,货币只起桥梁作用,只起一瞬间的作用,因为市场中的商品与货币的交易实际上都是物与物的交换,出售商品的同时就意味着购买另一商品,货币的桥梁作用瞬间完成。所以,不会出现供给过剩的危机。更是因为人们的消费是无限的,所以,只要能生产出来就一定会有消费,总供给等于总需求。如果某种商品出现生产过剩,那是因为另外的商品生产过少,经过价格机制的调节,这种现象就会消失。但是如果政府对市场进行干预,就会出现真正的生产过剩。所以,萨伊反对政府干预经济,认为应该让经济自由运行。

萨伊定律有四项基本内容:①生产的产品数量越多,品种越多,该商品的销路越广,售卖得越快。②每个人的利益与社会全体的利益息息相关,不同行业间的利益息息相关。一个企业如果取得成功,就可以带动别的企业。一个国家的农业发展比较好的话,可以带动工业的发展。同样的,一个国家工商业发展得比较好的话,也可以反过来带动农业的发展。③单纯地刺激消费对工业生产并无益处,因为真正的困难在于供给的品种及数量的有限,所以应该刺激生产。④购买外国商品并不会对本国的生产产生不利的影响。

关于消费与税收

萨伊在《政治经济学概论》第三篇中主要讨论了消费问题。萨伊将消费分为非生产性消费、个人消费与公共消费。萨伊认为非生产性消费的原则应该是有助于满足实际需求,对最耐久、高质量产品的消费。个人消费的标准是反对奢侈,也反对吝啬,要根据自身的财产与需求进行适度消费。关于公共消费,萨伊认为应该适度,政府应该把握好为满足社会需要所产生的利益与为此所做的牺牲的尺度,民政、司法、陆海军、公共慈善的费用是必需的,但是也要控制在适度的范围之内。萨伊对税收以及国债进行了讨论。萨伊认为税收与国债是把个人收入转移为政府收入，所以应该尽量节省财政开支，征收危害最小的税。

贡献与影响

在经济学的研究对象上，萨伊提出经济学是研究财富的生产、分配和消费的，这在经济思想史上是首创，并为后来的经济学家所认同。在研究方法上，萨伊主张从事实出发，抛弃价值判断，以实证方法研究这些问题。经济学实证化是经济学科学化之始，萨伊功不可没，萨伊促进了古典政治经济学的实证化发展。

萨伊用通俗易懂的语言对《国富论》进行了改编，作为经济学教科书，使斯密的经济理论得到了广泛的传播。萨伊的生产三要素的观点被西方经济学吸纳，并以此建立了微观生产函数。萨伊在提出效用决定价值时，把非生产性活动包含在内，认为非生产性活动也可以创造价值，这一点相比于斯密而言具有很大的进步性。萨伊第一个提出了管理者应该收取资本利息与工资报酬，具有很大的进步性。在萨伊定律中，萨伊坚持经济的自由发展的观点受到后来经济学家的极力推崇。他主张节约的税收政策，反对奢侈浪费具有极大的现实意义。

萨伊的经济思想促进了政治经济学的发展，为后人研究政治经济学开辟了道路，使政治经济学更加严谨化、系统化、科学化。萨伊的经济思想对西方经济学理论的发展产生了影响。萨伊的生产、分配以及消费的系统思想被马歇尔吸收利用，构建了西方经济学理论框架。萨伊的非生产性劳动的概念，是对第三产业的认可。萨伊定律促进了供给学派的产生。萨伊的三分法，将生产活动看作生产、分配与消费，对后人的影响也比较大，例如詹姆斯·穆勒就是在萨伊三分法的基础上发展了四分法。萨伊提出了生产创造效用，强调商品的效用是商品价值的衡量尺度。劳动、资本与土地共同构成了生产活动，共同创造了商品的效用，从而共同创造了商品的价值。那么，劳动者、资本家与土地所有者应该得到相应的工资、利润与地租。萨伊进一步指出了生产费用构成商品的价值。萨伊否认存在经济危机，这一点被后来的很多经济学家继承发展。

马尔萨斯

生平

托马斯·罗伯特·马尔萨斯（Thomas Robert Malthus，1766—1834 年），出生于英国土地贵族家庭。他的父亲曾在牛津大学读书，与休谟、卢梭等人有交往。马尔萨斯早年受父亲亲自教导。1785 年在剑桥大学神学院学习，主要学习英国文学、法国文学、古代史、逻辑学与数学，主修数学。1796 年，写了其处女作《危机：一个宪法支持者对最近的有趣的大不列颠的状况的看法》。1798 年任教堂的牧师，匿名出版《人口原理》（亦作《人口论》）的小册子，全名为《论影响社会将来进步的人口原理，兼对葛德文、孔多塞和其他作家思想的评价》）。马尔萨斯写这篇文章主要是为了反对其父亲关于人口过剩的观点。其父认为人口过剩不是一个社会问题，马尔萨斯认为人口过多不利于社会的发展。1799 年对该书进行了修改。1803 年，用真名出版了《人口原理（第二版）》（全名为《论人口原理，或人口对人类将来和现在幸福影响的观点》）。1819 年当选为皇家学会会员。他的著作还有《关于谷物法的短文集》（1814—1815 年）、《地租的性质与发展的研究》（1815 年）、《济贫法》（1817 年）、《政治经济学原理》（1820 年）、《价值的尺度》（1823 年）、《政治经济学定义》（1827 年）等。

主要经济思想

人口论

马尔萨斯从人的生物学、自然属性提出了两个公理：①食物是人类生存的必需品；②两性之间的欲望是不可避免的。由此，马尔萨斯认为人口按几何级数增长，而生活资料只能按算术级数增长，所以，不可避免地要导致饥馑、战争和疾病。呼吁采取果断措施，遏制人口出生率。马尔萨斯提出了两种抑制措施，即积极抑制与预防抑制。积极抑制一般是由客观原因引起的，如贫穷、饥荒和鼠疫，直接导致死亡，削减现有的人口。预防抑制是指人们会根据自己的经济状况考虑生育状况,主要包括道德抑制与罪恶抑制。道德抑制就是节育,推迟结婚,降低出生率;罪恶抑制是指打胎、独身主义等。马尔萨斯认为最好可以通过道德抑制减少人口数量,不太赞成罪恶抑制。马尔萨斯反对《济贫法》,认为《济贫法》在一定程度上虽然会减轻贫困,但是会使穷人认不清现实经济状况,仍然选择结婚生子,导致"越穷越生",最终使人更加依赖、懒惰、浪费、贫困。马尔萨斯认为,更有意义的做法是对穷人加强教育或培训,从而增加贫穷人口的就业,以改善贫困状况。

价值论

马尔萨斯认为价值主要由使用价值、名义的交换价值与内在的交换价值这三部分构成。使用价值是指商品的内在效用。名义的交换价值是指用贵金属衡量的商品的价值,也就是商品的价格。内在的交换价值是指由内在原因产生的购买力。当没有特别说明时,商品的价值指的是内在的交换价值。这种情况即商品的价值正好等于人们对该商品的估价。马尔萨斯指出,人们对该商品进行估价时,主要会考虑对商品的占有欲以及获得它的难易程度两个因素,即对商品的估价主要由供给与需求的相对状况决定。但商品的价格由生产费用决定,也就是由劳动的工资、资本的利润、土地的地租来决定。马尔萨斯对利润进行了分析,指出利润率的大小等于将商品卖出去后的价值减去垫支的价值,与该商品的供求情况有关。

地租理论

马尔萨斯认为,地租是总产品价值中扣除掉各种费用后剩余的部分,即用总价格减去工资和利润之后剩余的部分,并且这一部分归土地所有者所有。马尔萨斯认为地租的产生有两个原因:①土地生产出来的生活必需品的数量超过了维持劳动者生存的必需品的数量;②不管是自然条件还是人为的,肥沃土地的数量总是相对比较少。故地租是自然赐予的礼物,地租上涨代表了农业的繁荣、社会的进步。地租上涨的原因主要有以下四个:①当资本积累获得的利润比以前少时,人们会将资本扩展投资到次等土地上,那么优等地与次等地之间就会形成收入差距,这一部分差距就会变成地租,随着资本积累得越多,地租就会越高;②随着人口数量的增加,对农产品的需求也会增加,那么次等土地会被大量耕种,所以,地租就会增加;③在农业上连续进行投资时,劳动生产率会提高,生产成本会降低,农产品的产量会增加,这样也会使地租增加;④农产品的需求增加,在一定程度上会使其价格上涨,进一步推高了地租。

有效需求论

需求,指的是人们对某商品具有一般购买力的购买愿望。供给,是指市场上具有出售愿望的待售商品的数量。当商品的供给与需求相等时所对应的需求被称为有效需求。马尔萨斯认为,当市场处于有效需求状态时,商品的价格主要决定于生产费用。如果没有处于有效需求的情况下,商品的价格由市场上该商品的供求关系决定。进一步得出了需求原理,即在商品生产过程中,如果不考虑其他的支付费用,那么工资、利润和地租决定了商品的价格。根据这个原理,为了避免生产过剩,保证生产顺利进行,促进社会经济增长,马尔萨斯提出了以下三个建议:①应该适当限制大地产所有者的扩张。马尔萨斯认为,他们扩张以后会把土地用于更多的娱乐活动,例如狩猎场所,这样会限制工农业的发展。但是,也不可以将土地分割得太小,因为一般小土地所有者没有足够的能力在土地上进行投资,进而改良土地。②扩大国内贸易。这样可以增加对产品的有效需求,促进社会经济发展。③扩大非生产阶级的支出。马尔萨斯认为非生产阶级的消费,能提高国内的有效需求,刺激经济增长。

马尔萨斯认为,有效需求旺盛对国民经济的发展有着重大的推动作用。如果有效需求不足,则会导致生产普遍过剩的经济危机。他批评了李嘉图与萨伊的关于商品只会发生局部剩余的观点,指出经济活动即使经过市场的自动调节,也依然会有可能发生商品过剩的经济危机,商品供求不平衡状态是普遍存在的。因为资本家与资本家进行交易的时候,有的人会获得利润,但有的人可能会亏损。资本家与工人进行交易的时候,因工人的工资有限,所以在交易时,也只能满足必要的生活资料的有限的需求。故而,马尔萨斯认为,资本家利润的实现只能由只买不卖的人支付。这一部分人主要是地主、官吏与军队。如果资本积累过快，经济过速发展，必然会导致"有效需求"相对匮乏，必然会产生生产过剩的经济危机。所以，马尔萨斯主张应扩大地主、官吏以及军队的消费。

贡献与影响

马尔萨斯详细说明了一般地租产生的原因，为一般地租进一步研究提供了思路。马尔萨斯提出的"供求原理"理论，和经济增长联系起来，被以后很多经济学家借鉴，在经济思想的发展史中具有里程碑的意义。马尔萨斯提出的扩大有效需求的建议，例如扩大地主、官吏以及军队的消费，扩大自由贸易等，对现代社会经济的发展也具有很大的指导意义。在有效需求的基础上，马尔萨斯提出的由于有效需求不足会导致经济危机的理论，与之前经济学家的观点不同，这也是马尔萨斯的独创，这是对社会经济中总供给与总需求不相平衡的创新性分析，也是对资本主义发展过程的开创性探索。凯恩斯对其有很高的评价，称马尔萨斯是"第一位剑桥经济学家"。

约翰·斯图亚特·穆勒的很多思想，在很大程度上继承了马尔萨斯的经济思想，例如在一般经济理论方面，约翰·斯图亚特·穆勒借鉴了马尔萨斯的供给与需求关系决定商品价值的理论，并且在对外贸易问题上也吸收了马尔萨斯的经济思想，建议采取保护性的关税政策。新古典经济学创始人马歇尔也采纳了马尔萨斯的供求理论，并且肯定了供求关系在价值决定中的作用。美国经济学家丹尼尔·雷蒙德拥护马尔萨斯的消费与积累保持平衡的思想，并且主张用高额的关税拉动经济的增长，从而使国家财富得以积累。美国经济学家凯里很认同马尔萨斯主张扩大有效需求以及开拓国外市场的见解。凯恩斯深受马尔萨斯的有效需求不足理论的启发，对经济危机与失业问题进行了更为系统的思考与研究，引发了一场"凯恩斯革命"。

马尔萨斯对人口理论的研究，推动了整个人口理论的发展，使之逐渐形成一门独立的学科。马尔萨斯提出必须注意生产资料与人口数量之间的关系,必须使两者相适应,这一结论对许多国家产生了重大影响。马尔萨斯提出的预防抑制的建议具有很大的参考价值。特别是马尔萨斯建议应该对贫穷人民进行"教育",增强他们的就业观以增加他们的收入,这个观点在现代社会依然有很强的现实意义。凯恩斯对马尔萨斯的《人口原理》有很高的评价,并且在马尔萨斯的人口理论的基础上,把人口看成制约或推动经济与社会发展的决定性因素,并且对之进行了新的阐述与发展。

李嘉图

生平

大卫·李嘉图(David Ricardo,1772—1823 年),出生于英国伦敦一个犹太移民家庭,14 岁随父亲从事证券活动,16 岁成为英国金融界知名人物,21 岁时因与异教徒女子私订终身而与家庭决裂,脱离家庭。李嘉图因在证券交易活动中大展身手,取得了很大成功,在 25 岁时已经拥有 200 万英镑财产。后来,李嘉图从事进修与科学研究活动,涉及数学、化学、物理学等。1799 年,接触到《国富论》,开始进行政治经济学研究,并且参与了英国著名的"黄金价格"与"谷物法"这两个经济问题的大讨论。1809 年,李嘉图发表了《黄金价格》一文,这是他的第一篇关于经济问题的文章。1823 年,李嘉图写了《建立国家银行计划》一书,该书主要体现了李嘉图对货币问题的深刻思考。1815 年,英国修订了《谷物法》,规定维持较高的粮食价格,提高地租。李嘉图与马尔萨斯就这个问题"论战"了很长时间。1815 年,李嘉图发表了《论低价谷物对资本利润的影响:对马尔萨斯最近两篇文章的评论》。后来,在好友詹姆斯·穆勒的鼓励下,李嘉图将自己的经济观点进行了整理,并于1817 年出版了《政治经济学及赋税原理》一书,这使他名声大振,成为英国著名的经济学家。1818 年,李嘉图当选为格洛斯特郡郡长,后来成为爱尔兰波塔林顿的下院议员。李嘉图因为突患耳疾于 1823 年 9月去世。

李嘉图时代,盛行边沁的功利主义。边沁认为个人利益最重要,每个人在经济活动中都以追求自己的利益为行动指南。受边沁功利主义的影响,李嘉图认为,当商业是自由经营的情况下,每个人都会追求自己的利益,社会上资本与劳动等生产要素都会调整在最有利的配置上,那么个人与社会都会处于和谐的地位。李嘉图沿用了传统的古典经济学家常用的方法——抽象法,并且在前人的研究基础上将这种方法提升了一个高度,指出斯密分析经济问题时运用抽象法与现象分析法是不严谨的,因而继承发展了斯密的内在观察法,试图探寻经济现象之间的内在联系。

主要经济思想

劳动价值论

李嘉图首先讨论了价值的决定问题。他十分赞成斯密对交换价值与使用价值的论述,并且在斯密的基础上对交换价值与使用价值做了进一步的研究。他认为有些东西虽然没有交换价值,但是却具有很大的使用价值,例如水。使用价值与每个人的感觉有关,所以,对使用价值的衡量并没有统一的标准。即使一件商品非常稀少,或者获得它需要很多的劳动,但是如果它没有使用价值,那么这样的商品也就没有交换价值。他指出斯密在讨论商品的价值问题时,采用的耗费劳动和购买劳动这两个概念,实际上是两种不同的价值尺度,并对斯密没有坚持劳动价值论进行了批评。

李嘉图始终坚持劳动价值论。根据商品的稀缺程度把商品分为两类:一类是数量可以增加的商品;另一类是数量不可以增加的商品。大多数商品属于数量可以增加的一类,但如罕见的雕像、图画、古书与古钱币等,则属于数量不可增加的一类。数量可以增加的一类商品的价值是由生产中所必要的劳动量决定的,数量不可以增加的一类商品的价值是由该商品的稀缺度决定的。然后,李嘉图明确指出,他所研究的商品属于前者。并且指出,生产一件商品所耗费的劳动是衡量商品价值的尺度,交换价值要受到价值的制约与调节,所以,交换价值也是由生产该商品所耗费的劳动量调节的。

李嘉图在劳动价值论的基础上,对劳动进行了详细的分析。首先,不同行业及性质的劳动,会因为熟练程度与强度的不同而导致劳动量不一样。并且因为,在某一种行业工作一小时或者一天所付出的劳动量,与另一种行业在相同的时间内所付出的劳动量做比较也是十分困难的,所以,李嘉图把复杂劳动看作简单劳动倍加的结果。其次,商品的价值量会随着投入的劳动量的增加而增加,随着投入的劳动量的减少而减少。因此,商品的价值会随着劳动生产率的提高而降低,随着劳动生产率的降低而提高。最后,李嘉图指出,商品的价值是由生产该商品的必要劳动决定的。李嘉图认为,生产出的所有商品,它们的交换价值不是由具备优良的生产设施、有利的生产条件的人进行生产时所付出的较小的劳动量决定的,而是由不享有这种条件的人进行生产活动时所付出的劳动量决定的。

价值与交换价值

李嘉图在研究交换价值时,有时候会把交换价值与价值分开,有时候会混在一起,将价值又称为"绝对价值"或者"真实价值",将交换价值称为"相对价值"或者"比较价值"。他认为商品的价值是由耗费在该商品上的劳动决定的。交换价值是两种商品所包含的劳动时间的比例,是一种量上的关系。而且商品的交换价值是由商品的价值调节的,也可以说是由生产该商品所耗费的劳动量决定的。

价值与生产价格

李嘉图并没有提到生产价格的概念,但是在价值转化为生产价格的问题上,李嘉图主要通过列举一系列的例子来进行说明。假定有两个资本家,一个是农业资本家,一个是纺织业资本家,各雇佣 100 人,工人的年工资总额各为 5000 英镑。如果农业与纺织业的利润率都是 10%,那么一年以后,则谷物与纺织品的价值是相等的,都是 5500 英镑。第二年,农业仍然雇佣 100 人,假设利润率仍然为 10%,则谷物的价值仍为 5500 英镑,但是纺织业资本家第二年利用第一年生产出来的机器进行生产,所以固定资本为 5500 英镑,仍然雇佣 100 人,假设机器没有磨损,则第二年纺织品的价值为 6050 英镑。所以,李嘉图得出结论指出,虽然不同的资本家每年在商品生产上投入的劳动量相等,但是生产出来的商品的价值却不相同。并且假设第二年将工资提高以后,利润率由 10% 降低到 9%,农业资本家生产的谷物的价值保持不变,因为商品的价值是由生产该商品的必要劳动时间决定的,活劳动没有变化,所以该商品的价值不会变化,但资本家固定资本的利润由 550 英镑下降到 495 英镑,从而纺织品的价值也由 6050 英镑下降到 5995 英镑,纺织品的价值下降了。因此,李嘉图指出,商品的相对价值会因为工资的变化而变化,其程度主要看固定资本在全部资本中所占的比例。当固定资本所占的比重比较大时,比如需要用到昂贵的机器以及厂房,那么生产出来的商品相对价值会比较低;当固定资本所占的比重比较小时,生产出来的商品相对价值会比较高[①]。

在李嘉图看来,市场价格会因偶然的供求波动,而背离价值或者自然价格。当商品的价格在自然价格之上时,利润会增加,从而导致更多的资本家对该商品进行投资,该商品的供给就会增加,那么该商品的价格就会下降,利润就会下降;相反,当商品的价格在自然价格之下时,说明该商品无利可图,会导致资本家外逃,那么该商品的供给就会减少,该商品的价格就会增高,利润就会增加。李嘉图认为,企业家追求利润最大化的行为,最终会导致利润平均化。并且李嘉图认为,短期内,商品的市场价格是由商品的供求关系决定的,但是在长时期,商品的市场价格是由该商品的生产成本决定的。

货币数量论

李嘉图认为金属货币是一种特殊的商品,因此对金属货币的价值进行分析时可以借鉴分析普通商品价值的方法。金属货币的价值是由取得金属并且把它运到市场上所必需的劳动量所决定的,并与开采难易程度、运输条件有关。李嘉图研究了市场上流通的金属货币的数量问题,认为在商品的价值与数量保持不变时,则所需流通的金属货币数量与金属货币的价值有关。并且举例说明,如果生产黄金所需的劳动量是生产白银的 15 倍,那么只用黄金进行流通是只用白银进行流通

① 姚开建.经济学说史[M].北京:中国人民大学出版社,2016:137.

的1/15。李嘉图赞成用纸币,赞成用纸币去替代黄金,这样可以节省黄金材料,可以随时改变流通中的货币数量。并且依据黄金的价值去规定纸币的价值,当这种纸币的价值与所代表的黄金的价值相等时,这时市场上的货币的流通量是最优的。同时,李嘉图认为金属货币的流通不会引起通货膨胀,但是纸币的流通有可能会超过流通需要,有可能会导致通货膨胀。

李嘉图认为货币和一般商品一样,也要受到供给关系的影响。当货币流通数量多于商品流通所需的量时,货币的价值就会低于原来的价值,商品的价格就要上升,会导致货币的产量下降;相反,当流通的货币数量低于商品流通所需的量时,货币的价值就会高于原来的价值,商品的价格就会降低,会导致货币的流通量上升。

李嘉图认为这一货币流通规律在国际市场上也适用。国际市场上,每一个国家的货币的流通量都与该国商品流通所需的量相适应。当一个国家黄金开采较多时,则该国的货币数量增多,物价上涨,货币贬值,金银就会输出;相反,如果该国的货币数量比较少时,那么,物价下跌,货币增值,金银就会输入。李嘉图认为稳定通货是十分重要的,并且强调只有金本位制度才可以稳定通货。而由于纸币具有生产成本低等优点,所以,李嘉图认为应该用黄金来规定纸币的价值,并且主张由法律来规定银行发行纸币的最高额度,并保存充足的准备金以便随时兑换,从而调节流通中的货币数量。

分配理论

李嘉图指出,全部土地产品最终会以地租、利润和工资的名义,分配给地主、资本家以及劳动者。

1.地租

李嘉图认为真正的地租是"因为使用了土地的生产力而不得不支付给地主一部分土地产品"[①]。他主要分析了级差地租的两种形式。

第一种形式的级差地租,是指在同等面积而不同肥沃程度的土地上产生的级差地租。肥沃程度的不同会造成劳动生产率的不同,从而

---

① 李嘉图.政治经济学及赋税原理[M].郭大力,王亚南,译.北京:商务印书馆,1962:55.

造成地租的不同。因为将等量的资本与劳动投入肥沃程度不同的土地上时,肥沃土地上的产量会多于贫瘠土地上的产量,而肥沃土地上生产的单位产量中所蕴含的个别价值要小于由贫瘠土地决定的社会价值,那么两者之间的差额就转化为地租。并且李嘉图对此进行了举例分析说明。假设在第一、二、三等土地上,使用等量的资本与劳动,收获时扣除生产费用后的产品分别为 100 夸脱、90 夸脱、80 夸脱谷物,当土地肥沃而人口不多时,适合耕种第一等土地,这时所收获的谷物全部归于耕种者,成为所垫付的资本利润。随着人口数量的增加,必须耕种第二等土地时,那么第一等土地比第二等土地多出来的 10 夸脱的谷物就形成了地租。这时候,耕种者无论是耕种第一等土地而支付 10 夸脱的谷物或者是不支付地租而耕种第二等土地,所垫付的资本利润都是一样的。同理,当耕种第三等土地时,第一等土地的地租就成为 20 夸脱,第二等土地的地租则变成 10 夸脱。

第二种形式的级差地租,是指在同一块土地上,追加等量的资本与劳动,由于生产率的不同而产生不同的地租。他举例分析说明,假设在第一等土地上投入 1000 英镑资本时,谷物产出为 100 夸脱,现在在这个基础上再投入 1000 英镑资本,此时谷物产出为 85 夸脱,那么,第一次投入的 1000 英镑资本所支付的地租为 15 夸脱,第二次投入的 1000 英镑资本不用支付地租。同样,再向这块土地上投入 1000 英镑的资本,如果谷物报酬为 75 夸脱,那么第二次投入的 1000 英镑资本的地租为第二次与第一次谷物之间的产品差额 10 夸脱,第一次投入的 1000 英镑资本地租从 15 夸脱增加到 25 夸脱,第三次支付的 1000 英镑资本无地租。

2. 工资

李嘉图认为,工资是工人出卖自己的劳动所获得的收入,是劳动的自然价格,"劳动的自然价格是使劳动者生存并且可以延续后代所必需的价格"[①]。同时,李嘉图认为,实际工资取决于市场上劳动力的供求关系。当市场上劳动力供给比较充足、需求比较少时,劳动的价格比较

---

① 李嘉图. 政治经济学及赋税原理[M]. 郭大力,王亚南,译. 北京:商务印书馆,1962:77.

低;相反,当市场上劳动力供给比较少、需求比较多时,劳动的价格就会比较高。而且劳动力的实际价格会围绕着自然价格上下波动。当实际价格高于自然价格时,劳动者的生活状况比较舒适,进而促进人口的增加,劳动者就会增加,劳动的价格就会下降逐渐趋近自然价格;反之,当实际价格比自然价格低时,会使工人陷入贫穷,劳动者的数量就会减少,劳动的价格就会增加进而趋近自然价格。

李嘉图还通过研究工资的发展趋势,提出了相对工资的概念。首先,李嘉图将工资收入看作工资、利润以及地租中的一部分,工资收入在这三者总和中所占的比例就是相对工资。假设某种产品总产量为100,工资为25,地租为25,利润为50,此时工资所占的比例为25%。第二年产品总产量增加到200,工资为44,地租为44,利润为112,此时工资所占的比例为22%。从绝对量上看,第二年的工资增加了,但是相对工资减少了。

3. 利润

李嘉图认为,"商品的全部价值由资本利润以及劳动工资两部分构成"[①],并断定利润的变动与工资的变动是成反比的。李嘉图从工资的变动出发,研究了利润的变化规律。工资是由生产工人为了获得维持生存所必需的生活资料而耗费的劳动量决定的。当劳动生产率提高时,生活资料的价值就会降低,工资就会下降,那么利润就会增加;反之,当劳动生产率降低时,生产生活资料的价值就会增加,工资就会增加,那么利润就会下降。根据工资与利润成反比的规律,李嘉图得出了三条结论:①如果工人每天劳动的时间是一定的,则无论劳动生产率怎样,工人每天生产的价值是一样的。②劳动生产率的变化使工资向相反方向变化,使利润向相同方向变化,工资与利润成反方向变化。③因为劳动生产率的变化会使工资向相反方向变化,从而会导致利润的变化,所以利润变化是工资变化的结果而不是原因。

国家财富增长理论

李嘉图认为资本主义经济要发展,国家财富要增长,就必须要进行

---

① 李嘉图. 政治经济学及赋税原理[M]. 郭大力,王亚南,译. 北京:商务印书馆,1962:92.

资本积累。他严肃地指出,资本缺失会导致国家停滞不前甚至退步,只有进行资本积累才会使国家前进。增加国家财富主要有两个办法:一是增加收入。不仅仅只是增加商品的数量,更重要的是增加商品的价值。这种收入不是总收入而是纯收入。总收入是指工资、利润与地租。纯收入是指利润与地租。只要利润与地租保持不变,则实际纯收入不变。一个国家的利益是以纯收入来衡量的。高利润、低地租有利于国家财富的增长。因为工资与利润之间的变动是呈相反方向的,所以,最有利于国家财富增长的分配方式为高利润、低工资、低地租。二是在其他条件不变的情况下,提高劳动的生产效率。这时商品的数量会增加,但是商品的总价值不会增加。

经济危机理论

李嘉图认为不存在经济危机。因为人的欲望与爱好是永无止境的,每个人都渴望享受。资本积累的增加,国家财富的增长,会促进人们需求的增加。人们不会生产没用的东西,即只要该商品生产出来,就一定有对应的需求。任何人进行生产活动都是为了消费。而且经济活动中资本是可以自由移动的。当某种商品生产过多时,这种商品的利润会有所下降,那么经资本的自由移动从而生产另一种商品。所以,最终的结果就是各个行业商品都会得到合理的分配。因此,经济危机并不会发生。

国际贸易理论

李嘉图认为自由贸易有利于国家经济的增长,贸易的目的就是增加国内生产。进口商品一般会与国内商品进行交换,而进口商品的价值并不是由出口国生产该商品所耗费的劳动量决定的,而是由进口国生产国内商品所耗费的劳动量决定的。进行对外贸易有可能会大大增加本国的商品数量,但是并不会增加本国的价值总值。李嘉图还认为,对外贸易会使某行业取得比国内高的一般利润,会使商品的价格高于其自然价格,但这都是暂时的,最重要的是,它会使国内的资本重新分配到这个有利的部门,这样会增加这种商品的供给,从而使这种商品的价格降低并逐渐趋于自然价格,使利润逐渐降低。虽然对外贸易不会使利润增加,但是可以节约劳动,有利于储蓄与积累。

李嘉图还对贸易垄断进行了分析,指出母国对殖民国高价出售商品、低价收购商品时,必然会得到一定的利润。但是这种垄断会使得母国的投资方向发生改变,母国的分配方式得不到最有利的配置,这对母国经济的发展长期来讲是不利的。所以,李嘉图坚决支持自由的对外贸易政策。

比较成本理论

李嘉图的比较成本理论是在斯密的绝对利益理论的基础上形成的,主要以一个例子进行说明。假设各个国家的生产要素不可以相互流动,再假设有两个国家——葡萄牙和英国,都生产同样的两种产品——葡萄酒和毛呢,假设这两个国家生产等量的产品时,所需要的工人数(以劳动一年计算劳动量)如下:

葡萄牙:葡萄酒 80 人,毛呢 90 人。

英国:葡萄酒 120 人,毛呢 100 人。

对于葡萄牙而言,生产葡萄酒与毛呢需要的人数都比英国少,所以在生产上具有绝对优势,但是相对而言,葡萄牙生产葡萄酒需要的人数比生产毛呢需要的人数少,所以,生产葡萄酒具有相对优势。如果葡萄牙只生产葡萄酒,用葡萄酒去和英国的毛呢进行交换,则可以节省 10 个工人一年的劳动量。对于英国而言,英国生产葡萄酒与毛呢需要的人数都比葡萄牙多,所以,不具有绝对优势,但生产毛呢具有相对优势。如果英国只生产毛呢,用毛呢和葡萄牙的葡萄酒进行交换,则英国可以节省 20 个工人一年的劳动量。所以,李嘉图认为,在自由贸易的情况下,如果各国生产自己国家中具有相对优势的产品,即使这种产品的成本与别国相比没有绝对优势,但通过各国具有相对优势的产品进行交换,那么相交换的两个国家都可以获得益处。

贡献与影响

李嘉图的价值理论是在斯密的价值理论基础上发展而来的,并推翻了斯密的价值多元论,坚持了劳动价值论,为劳动价值论的提出以及发展开辟了道路。李嘉图在价值转化的问题上涉及了价值与价格之间相矛盾的问题,虽然李嘉图并没有对此进行解释,但是一个好的问题的提出有助于该理论更好地发展。李嘉图的货币学说指出了货币的商品特性,对货币的价值尺度与流通手段的基本职能进行了详细的介绍,并且对货币的流通规律进行了深刻的研究。在分配理论中,李嘉图对级差地租进行了深入探讨,是第一个系统研究级差地租的古典经济学家。李嘉图还明确提出了工资与利润之间的相反关系。李嘉图在对外贸易理论中,首次提出的比较优势或相对成本学说对自由贸易的发展具有巨大的贡献。另外,他的自由贸易思想促进了当时英国经济的发展。

李嘉图的经济思想,特别是自由贸易思想,直接影响到了约翰·斯图亚特·穆勒。约翰·斯图亚特·穆勒在李嘉图比较优势理论的基础上提出了"相互需求说",在经济思想史上产生了较大的影响。马克思的地租理论是在李嘉图的级差地租理论的基础上提出的,并且提出了绝对地租理论,形成了马克思自己的地租理论体系。李嘉图在斯密方法的基础上将抽象方法推进了一大步,这对以后经济问题的研究提供了很好的方法理论。例如马克思就是在这样的方法基础上创立了无产阶级的政治经济学理论。李嘉图运用了抽象法使劳动价值论得到了进一步的发展。

穆勒

生平

约翰·斯图亚特·穆勒(John Stuart Mill,1806—1873 年),一位杰出的政治学家和经济学家。他的父亲詹姆斯·穆勒是著名的经济学家、历史学家和哲学家。小时候穆勒没有受到正规的教育,学业是在父亲的指导下完成的。在父亲的指导下,他 3 岁学习希腊文,8 岁学习拉丁文,12 岁学习逻辑学,13 岁开始接触经济学著作,当时读了斯密的《国富论》与李嘉图的《政治经济学及其赋税原理》。由于其父亲和边沁以及李嘉图交往甚密,穆勒从小就受到他们思想的影响。14～15 岁穆勒游历了法国,在游历过程中穆勒认识了萨伊以及圣西门,因此,他的经济思想受到了很大影响。1823 年开始,他在东印度公司工作了 35 年。后来发表了一系列经济学著作,如《经济学上若干未决问题》(1844 年)、《政治经济学原理》(1848 年)、《政治经济学定义》(1836 年)。此外,还出版了一些关于哲学与逻辑学方面的著作,如《逻辑学体系》(1843 年)、《论自由》(1859 年)、《代议政治论》(1861 年)、《功利主义》(1863 年)等。

《政治经济学原理》主要分为五编:第一编,关于"生产";第二编,关于"分配";第三编,关于"交换";第四编,关于"社会进步对生产和分配的影响";第五编,关于"论政府的影响"。

主要经济思想

生产理论

穆勒认为首先应该说明生产规律、分配规律以及由此得出的一些实际结论。穆勒分析了生产规律,他认为生产规律是永恒的,为了经济的发展,必须在一定的社会条件下以某种方式进行生产。进行生产是为了增加财富,但是并不是所有的生产活动都可以增加财富。穆勒认为,财富只包括具有交换价值且对人有用的东西,这些东西只包括可以被积累起来的物质方面的东西。

穆勒分析了生产的三要素——劳动、资本以及土地。就劳动而言,生产的商品具有效用时,这种劳动才会被视为生产性劳动。与此同时,可以间接生产出物质产品的劳动也是生产性劳动。如教育家的劳动,他可以教育、培养出更多的人才,依此可以生产出更多的物质财富。在分析资本时,穆勒认为,生产活动离不开资本,资本的多少限制了生产,资本是生产劳动的积蓄。他指出,如果社会财富没有增加,绝对不是因为缺乏消费者,而是因为生产者或者说生产力不足。当人口数量不变时,增加资本投资,要么会使劳动就业增加,要么会使劳动报酬(工资)增加,要么会使国家富裕,要么会使劳动阶级致富。虽然生产活动会受到土地与资本的限制,但是技术的进步也会促进生产。

分配理论

穆勒认为分配和生产是相反的,分配并不是永恒的,它会依据社会的与法律的习惯的不同而不同。穆勒认为分配主要由工资、利润与地租三部分构成。分析工资时,穆勒认为,在自由竞争条件下,工人的工资主要取决于劳动的供给与需求。一般来说,工资数额决定了雇主对劳动的需求量。劳动的供给取决于找工作的工人人数。穆勒将利润分为利息、保险费、监督工资三部分。穆勒认为,利息是对资本家"节欲"的报酬,保险费是资本家投资时要承担风险的回报,监督工资是对企业家进行监督与领导的回报。并且穆勒对级差地租进行了分析,认为地租是自然垄断的结果。在其他条件相同的情况下,地租的多少是优等土地上生产的产品与劣等土地上生产的产品之间的差额。并且穆勒认为收取地租是不合理的,对国家的财富积累不利,土地应该归国家所有。

价值理论

穆勒首先廓清了使用价值、价值与价格的概念。他明确指出使用价值是效用,可以满足人们的某种欲望。价值是交换价值,表现为一般购买力。价格指的是商品的货币价值。其次,穆勒提出价值可以分为市场价值与自然价值。市场价值主要取决于经济活动中商品的供求关系。自然价值主要取决于获得该商品的难易程度。决定不同种类商品的自然价值的因素是不同的。为说明这个问题,穆勒将商品分为三类:第一类,商品数量绝对有限,不会随意增加的商品,如古董等。第二类,商品供给数量可以无限增加,但是每增加一单位商品而生产费用不会增加的商品,如工业品。第三类,商品供给数量可以无限增加,但是每增加一单位商品生产费用也会增加的商品,如农业品。由于各类商品的特性不同,其自然价值的基础也不同。第一类商品的数量是有限的,其自然价值主要取决于供求关系。第二类商品的自然价值主要取决于其最小的生产费用,它的市场价值由供求关系决定。第三类商品的自然价值主要取决于最大的生产费用,市场价值则由供求关系决定。穆勒指出,随着时间的推移,商品的市场价值都会趋向于其自然价值。

穆勒认为,货币本质上也是商品,并将货币归为第三类商品,所以货币的价值长期中取决于生产费用,短期中取决于供求关系。假如市场上的商品以及商品进行转卖的次数是一定的,那么货币的价值主要由一定时期内货币的数量以及货币流转的平均次数决定。货币的价值与流通中的货币量和流通速度的乘积成反比。流通的货币量等于交易的商品价值总额除以货币的流通速度。后人就是据此得出了"现金交易方程式",即 $MV=PT$,其中:M 表示一定时期货币流通的平均量,V 表示货币流通速度,P 表示一定时期内一般价格水平,T 表示总交易量。

信用周期理论

穆勒认为,信用虽然不能创造生产资料,但是可以转移生产资料。当信用扩大时,在资本数量保持不变的情况下,可以使投资的资本数量增加。同样,对商品的需求也不是由所拥有的货币量决定的,而是由所拥有的货币总量与信用的总和决定的,并指出商品的价格会随着货币总量与信用的总和的增加而增加。穆勒对此做了举例说明,即商人会根据自己对利润的预期,来决定是否把信用作为购买力。当商人预期以后利润比较多时,就会投入生产,并且吸引人们进行购买(包括信用),这样就会使价格增加。但是当人们意识到商人的这种行为时,就会减少购买,价格便会突然下降。在没有信用的情况下,这种情况不会出现。但是信用存在时,常常靠信用扩大购买,商品的价格会大幅度增加,此时商品的供给会大于需求,会出现过剩。所以,穆勒认为,过剩是信用不足造成的,并不是生产过多导致的。所以反对过剩危机论,补救的办法是增强信用的功能。

政府适度干预理论

穆勒在《政治经济学原理》中指出,在当时最具争议的问题是政府的职能以及作用的界限在哪里,政府的权力应该延伸到人类的哪些领域。穆勒主张政府对经济活动进行适当干预。一方面,穆勒赞成自由竞争,认为当竞争扩大时,带来的社会利益大于被损害的私人利益。但穆勒也不赞成完全的自由放任,承认自由竞争给人们带来很多好处的同时也产生了诸多的弊端。另一方面,穆勒认为,当个人对自身利益不能做出判断时,自由竞争是不利的,这时候就需要政府出面,如加强教育。政府应该扶助教育,但也不应该垄断教育。政府在进行干预时,不应该是命令式的,而应该是劝告式的。政府一般可以做两方面的事情:一是有益于社会利益的事情,如修建道路等。二是虽有益于社会,但是由于没有报酬,私人不愿意做的事情,如建立海上灯塔等,必须由政府来做。

国际价值理论

穆勒认为,两个国家在进行自由贸易时,商品的价值并不是由该商品的生产费用决定的,而是由供求关系决定的。穆勒假设,在国内贸易中,如在英国,10 毛呢=15 麻布,在德国,10 毛呢=20 麻布,其价值基础就是这两种商品消耗了等量的劳动。而在国际贸易中,英国的毛呢与德国的麻布这两种商品进行交换时,按照李嘉图的比较成本理论,假定英国用 10 毛呢可以换取德国 17 麻布,且这时德国对英国毛呢的需求量与英国对德国麻布的需求量相等。那么,在国际贸易中 10 毛呢的国际价值等于 17 麻布。同样,17 麻布的国际价值等于 10 毛呢。当德国对英国毛呢的需求量大于英国对德国麻布的需求量时,毛呢的国际价值就会增加;相反,毛呢的国际价值就会下降。穆勒认为,这两种商品之间相交换时有一定的界限,10 毛呢可以换取 15~20 麻布。这个界限是国际贸易前两国这两种商品的生产费用之比。即穆勒总结出,相互需求决定了国际价值。并且穆勒认为,当两个以上的国家进行贸易或者当两种以上的商品进行交换时,这种理论也适用。

贡献与影响

穆勒,19 世纪影响力很大的古典自由主义思想家,支持边沁的功利主义,他为社会理论、政治理论和政治经济学做出了巨大贡献,被称为"19 世纪最有影响力的讲英语的哲学家"。他为科学方法论的研究做出了贡献,尽管他对这一主题的了解是基于其他人的著作,特别是威廉·惠威尔、约翰·赫歇尔和奥古斯特·孔德以及亚历山大·贝恩所做的研究。穆勒将经济学家们的思想进行了综合,使古典政治经济学的一些理论相互协调,在西方经济思想史上具有承前启后的重要作用,对当时的经济思想具有重大的影响,而且对以后经济思想的发展与演变也有不可替代的作用。

穆勒在分析生产理论时,不仅提到了生产的三要素,而且第一次提出了技术进步对生产的作用,对当时的经济发展具有巨大的意义。在分析价值论与分配理论时,穆勒对之前经济学家的思想进行了综合,吸收了斯密、李嘉图、马尔萨斯、萨伊等人的经济思想。穆勒第一次系统地提出了信用周期理论,这是一个新的突破口,是供后来经济学家研究的一个新课题。穆勒在李嘉图的比较成本理论的基础上,提出的国际贸易理论在国际贸易学说史上具有重要的地位与影响。在他的政府适度干预政策中,提出的修建道路、铺设桥梁等有利于社会发展的一系列建议,对当时社会的和谐与人民生活水平的提高有重要的作用,对当今社会发展依然有着重大的现实意义。

第6章 19—20世纪美国转折期的经济思想

19世纪至20世纪初是美国经济史上最重要的转折时期。法国经济史学家贝罗赫(Bairoch)指出,在整个19世纪到20世纪20年代,美国是世界上经济发展最快的国家。1830—1910年,美国人均国内生产总值(GDP)指标最好的40年是1870—1910年。

1861—1865年的美国内战结束后,北方的胜利使得美国资产阶级掌握了政治、经济的统治权,使美国经济获得了空前迅猛的增长。内战后的40年,美国建成了全国铁路网,在经济上便利了美国对西部的开发,在政治上保证了内战后美国的稳定局面。钢铁工业飞速地发展起来。1860年美国的生铁熔炼量为80多万吨,1900年增至近1400万吨,钢的熔炼量已经达1000万吨。随着钢铁产量的剧增,煤的产量也大幅度地增加。1870年美国煤的开采量为2950万吨,1890年增至1.4亿吨。其他金属如金、银、铜和铅等也得到快速开发。1890年以后,美国的化学工业,尤其是肥料制造业发展迅猛。轻工业如纺织业、鞋业、服装业、木材业、面粉业、罐头业等也飞快发展。同时,农产品的产量也快速提高。从1880年到1900年的20年中,美国粮食生产增加了4倍。小麦生产在1900年达6.27亿蒲式耳,占世界小麦产量的23%。棉花产量从570万千克增加到1000万千克。随着工农业的迅速增长,对外贸易规模也快速扩大。1870年,美国对外贸易表现为入超,进口

4.2亿美元,出口3.77亿美元。到1880年美国的贸易就出超了,出口增至8.76亿美元,进口则为6.83亿美元。到1900年,美国的出口为14.53亿美元,进口为8.4亿美元[①]。

随着经济的快速增长,美国的经济理论研究方兴未艾。经济学家们积极探求适合美国发展需要的经济理论和产业政策,同时,对古典经济学进行了一系列的批判。他们批判地指出,古典经济学是"沉闷科学",看不到技术在不断进步。他们最终建立了美国特色的经济理论:相信技术进步可以降低劳动成本;技术和发明会促使企业生产性的储蓄转化为投资,经济会不断增长;技术和知识是决定一个国家财富最重要的因素;可以通过知识和技术改变资源的稀缺状态;可以通过资本和技术来克服土地报酬递减的问题。由此反对李嘉图的地租理论和马尔萨斯的人口理论。总之,美国学派的经济学家们坚信,随着技术的进步,人类可以通过联合劳动使劳动越来越具有生产性,而且可以掌握报酬递增的方式,进而获得更多的财富。

美国第一任财政部长亚历山大·汉密尔顿著名的《关于制造业的报告》认为,制造业不仅是保证美国政治上真正独立的基础,也是美国军事强大的基础,同时还是维持整个国家联合统一的基础。可以通过实行保护性关税、财政补贴等手段,同时采取发放政府奖金和出口奖励等措施,促进国内制造业的发展。雷蒙德、凯里、乔治等也都强调工业部门在摆脱殖民主义和促进农业发展方面的重要性,都充分论证了政府扶持、保护和补贴幼稚工业的必要性和重要性,主张政府发挥巨大作用。总之,美国学派经济学家们认为,美国政府不仅要竭力保护民族工业,而且要对基础设施建设进行直接投资,美国需要一个强大的政府。

---

① 波德.资本主义的历史:从1500年至2010年[M].郑方磊,任轶,译.上海:上海辞书出版社,2011:174-179.

凯里

生平

亨利·查尔斯·凯里（Herry Charles Carey，1793—1879 年），19世纪中期美国资产阶级庸俗经济学家。1793 年出生于费城。父亲是爱尔兰教徒，因政治原因，早年避难美国，从事出版业工作。凯里年轻时便继承父业，成为一名富有的出版商人，同时还拥有造纸、煤气等产业。1835 年，42 岁开始著述，主要著作有《论工资率》（1835 年）、《政治经济学原理》（1837—1840 年）、《过去、现在和未来》（1848 年）、《农、工、商业的利益协调原理》（1851 年）、《社会科学论》（1858 年）等。

凯里生活在美国独立后不久的时代。这段时期，美国国内的资本主义经济发展还不够充分，各阶级在经济利益方面的矛盾还没有明显表现出来，国内最突出的矛盾是北方资本主义经济和南方种植园奴隶经济之间的矛盾。但是，英国、法国国内经济矛盾和阶级矛盾已经格外突出。另外，空想社会主义思想也从英、法等国传入美国，对美国国内资产阶级的统治带来了一定的挑战。19 世纪 60 年代爆发的南北战争无情地粉碎了凯里的梦想，但他仍然宣扬调和思想，以此促进资本主义经济的发展。

以凯里为代表的经济学家，在总结英、法等国经济发展经验的基础上，思考着美国应该建立怎样的经济制度。当时，围绕着是建立一个依附于英镑的金本位制货币体系还是建立一套独立的主权货币体系，美国国内展开了一场大的争论。凯里遵循民族主义、调和主义、乐观主义的理念，倡议建立一个与英国体系相对立的"美国体系"，为美国的产业政策提供了指导思想，也为欠发达国家制定经济政策提供了借鉴。

凯里通过观察他生活的那个时代的美国、英国、法国的经济社会发展状况，对古典政治经济学进行了批判，首次对价值、人口、分配、土地、货币和价格、关税保护、自然科学、社会科学之间的关系进行了详细论述，建立了有别于古典经济学说的思想体系。

主要经济思想

对古典经济学的批判

凯里对斯密的《国富论》、李嘉图的《政治经济学及其赋税原理》、马尔萨斯的《人口论》等都做了详尽的研究。1835 年,他在牛津大学先后写作《关于工资率》和《全世界劳动人口条件不同的调查》等论文,反驳古典政治经济学。

凯里完全不同意古典政治经济学派的劳动价值论。他认为价值的形成以劳动成本或劳动牺牲为基础,而且是以再生产的劳动成本为基础的。关于再生产价值,凯里认为随着科技进步、劳动经验和资本的积累,生产效率日益提高,现在生产相同数量产品需要的劳动总量比过去少,或者说现在单位时间内生产的产品数量比过去多。因此,单位商品的价值量在下降,而人的价值在提高。此外,凯里还对价值和效用的关系进行阐述,指出价值是度量"自然超越人的力量",而效用是"人超越自然的力量"。伴随科技进步,价值的概念会日益减弱,而效用的概念会日益增强。效用是商品有价值的必备条件,但效用不是商品有价值的原因。

凯里反对李嘉图的级差地租理论。李嘉图认为,随着人口数量的增长,为解决粮食问题,人们不得不放弃之前只耕种优质土地的做法,而对所有土地进行播种,地租便随之产生。凯里认为,地租是一种资本,地租和利息是等同的。凯里的地租概念是动态的,他指出,随着社会的全面进步,地租在国家财政收入中的占比会越来越小。

凯里认为,一个新国家的土地刚开始没有价值,只有当人们对土地进行改善并通过建立交通网络,使其接近市场所在地,土地才拥有价值。凯里指出,人类在发展初期耕种的土地,往往不是质量最好的。因为,最好的土地一般位于河流的下游,而那里较容易受到洪水冲击等自然灾害的影响。因此,人类一般会选择半山腰或山顶的土地进行耕种,密西西比河已开发的流域远没有未开发的流域肥沃就是最好的例证。起初人口少,人们往往在土地较贫瘠的地方也能生存。随着人口增多,人们逐渐向土地肥沃的平原地区转移,这同时也提高了贫瘠土地的价值。随着耕种技术的提高和投资于土地的资本数量的增多,地租也相应上涨,但上涨的原因绝不是李嘉图所说的那样,而是随着人口和财富的增长,优质的土地被耕种,地租相应地上涨。

凯里反对马尔萨斯的人口理论。凯里详细论证了马尔萨斯的人口几何级数增长和生活资料算术级数增长的不可能性。他不否认马尔萨斯对英国贫困问题的分析,也不否定随着人口数量的快速增长,会有越来越多的贫困产生。他反对的只是马尔萨斯用例子来证明其学说的合理性。凯里认为人口的数量是一个人为可操作的因素,不是由上天决定的,所以,人口的增长可以转变为推进人类社会进步的正面因素。他发现否定马尔萨斯人口与食物的比例这个问题很容易做到,人口再生产的速度是可变量,例如,生活在太平洋沿海的印第安人由于有充足的食物,所以,繁衍速度明显快于生活在内陆平原的印第安人。此外,他还举了英国的例子,英国的人口总量呈增长趋势,但人均收入也在增长。这有力地反驳了马尔萨斯关于人口数量和经济状况的观点。

凯里认为,随着人类互相交流的增多,资本、技术的增长,人口的增长会加速粮食产量的增长,即粮食是永远能满足人的需求的。另外,他指出,随着人类进化的完善,人类对粮食的需求量会逐渐减少。在这里,他运用生物学原理进行论证,即随着人脑功能的不断完善,人们的生育能力会不断下降,也就是说,人类的生育能力和大脑的进化程度呈反比。

三大阶级经济利益和谐论

通过对 19 世纪美国经济现实的观察和研究,凯里指出,随着经济的发展,各阶级都会获得相关的利益,甚至劳动者获得的工资比资本家获得的利润和土地所有者获得的地租还要多。该观点遭到众多经济学家的批判,认为他是在为资本主义社会不平等的经济分配辩护,也因此被贴上"资产阶级庸俗经济学家"的标签。他反对李嘉图的观点,因为李嘉图认为分配不公会加剧资本主义国家内部各阶级的矛盾,不利于资本主义的健康发展。凯里把土地看作一种资本,从而把土地所有者和资本家同等看待,也就认为他们之间的经济利益是一致的。该观点的理论基础即再生产费用论。随着生产力水平的提高,生产商品的时间日益缩短,现存的资本价值越来越小,而劳动的价值会日益增大。据此,随着劳动技术水平的提高,劳动在价值分配中占据的份额会日益增大,而资本占据的份额会减少,这样,工人和资本家之间获得的实际经济利益差距就会逐渐缩小,阶级对立也就相应减弱。

工农业互补发展论

凯里深受其父影响,认为在国家实行贸易保护政策的条件下,农产品不会大量出口,国内农作物的耕种品种也不会较单一,加上现代化学技术的运用,土壤的肥力容易得到保护而不是被消耗。他指出,一国的农作物产量不取决于耕地数量的多少,而取决于耕地的质量。耕地的质量随着人口密度的增长和社会分配成本的减少而递增。只要一国保证其国内工农业协调发展,就能摆脱外部世界经济波动的影响。因为工农业是互补的,两者彼此互相提供市场。如果一国的工业发展出现问题,那一定与粮食生产或农业内部的结构性矛盾相关。

19 世纪的美国,出现了地租、工资、利润同时上涨的现象,而不是像李嘉图所说的那样此消彼长。凯里把土地看作资本的一种表现形式,认为资本是用来资助劳动的,所以,他认为地租和利润都是不同形式的工资。

在阐述地租、工资、利润三者报酬非对抗的基础上,凯里指出,促进人类进步最好的方法就是联合。让生产者和消费者接近,尤其是让工厂和农业合并,使农业产品和加工后的工业品更接近生产者和消费者,从而节约运输成本。

贸易保护论

自新航路开辟以来,各国之间的贸易往来日益增多,尽管偶尔出现贸易额下降的情况,但这并未影响人们对“自由贸易有利于经济发展”这一观点的信心。尤其是斯密和李嘉图的理论诞生后,自由贸易政策在西方资本主义国家更是占据着主导地位。

但是,凯里提倡贸易保护,维护美国经济学家汉密尔顿的贸易保护观点,对贸易保护思想体系进行了完善。凯里的父亲是汉密尔顿的信徒,极力支持美国对本国制造业采取保护政策。凯里的思想受到其父和费城一些商业协会的影响。他认为对于美国来说,由于处在发展的低级阶段,应该实行贸易保护政策,这样可以避免本国商品遭受来自外国商品的竞争,同时,也有助于提高本国的生产力水平,提高本国的科技水平和发明创造能力,完善工业体系,提高本国商品的国际竞争力。由于美国处在资本主义发展的初级阶段,不具备英国那样强大的工业竞争力,应该实施高关税政策保护国内工业。保护可以提高工业化水平,扩大经济规模,增加就业机会。他指出,在技术存在差距的国家之间不可能产生非操纵的、非服从的联盟,在此联盟下,通过贸易来发展经济是不可能的。特别是,他认为在主要工业国家和以原材料出口或农业为主的国家之间进行自由、平等的贸易是不可能的。

政府干预论

与自由主义学派不同,凯里主张政府应该在经济发展过程中发挥积极作用。他的观点和重商主义学派有相似性。他提倡政府通过干预贸易,使国家贸易处于顺差状态,以积累更多金银。如果货币大量流失,货币的流通速度减缓,就会出现通货紧缩。他反对这种情况,和汉密尔顿一样,他也是一位温和的通货膨胀论者。此外,他反对货币兑换,认为政府只有靠增加本币的发行量,才能加强对经济的干预。关于政府在经济发展中的作用,他认为政府在塑造良好的经济环境、完善市场制度、扩大市场规模、降低交易成本方面有不可替代的作用。政府在银行等金融机构的建设中,同样有重要作用。通过干预金融机构,政府可以很好地掌握经济运行状况,及时发现问题,抑制金融危机。

主权货币信用体系论

南北战争结束后,美国国内围绕"是恢复铸币还是发行绿背纸币"掀起了一场大争论。凯里坚决反对恢复金本位制,主张彻底摆脱英国的经济统治,建立自己的货币体系。他指出,判断一个国家是否独立,政治独立是一方面,更重要的是经济独立。他系统比较了绿背纸币与大陆券、法国纸币和南方邦联券,指出:与其他三者相比,绿背纸币所处的环境大不相同。绿背纸币是以政府信用为担保发行的,具有真正的货币职能,同时也深受群众信任。其后,他与1866年国会通过的《通缩法案》和1868年财政委员会大臣的报告,进行了一系列斗争,虽未取得成功,但对后世产生了很大影响。

贡献与影响

凯里最大的贡献,当数为建立绿背纸币体系而进行的努力。该行为对于保障美国经济主权独立、美国经济快速增长、美国的富强打下了坚实的基础,同时,也推进了美国政府的经济管理活动,为美元之后地位的提高、美国主宰世界货币交易体系奠定了基础。

凯里坚持推行贸易保护政策。这样,在美国资本主义经济尚未得到强劲发展、经济实力还不够强大时,能够减弱外国商品的冲击,减少竞争的负面影响。他的阶级分配理论和经济和谐思想,为资产阶级的利益分配奠定了理论基础,为资产阶级掩盖了资本主义生产发展过程中的剥削现象,有利于缓解阶级矛盾,为资本主义的政治稳定和经济发展营造了良好的社会环境。

凯里作为林肯总统的经济顾问,他的经济思想对美国政治家制定经济政策,尤其是内部产业发展政策、外贸政策及处理政府与市场在经济发展过程中的关系问题,都有相当的启发作用。虽然他的观点开始并未得到政界人士的认可,但在后世,尤其是 20 世纪 20 年代的世界性金融危机后,便日益受到重视。

此外,他的主权货币体系思想,使美国摆脱了英国的经济殖民统治,建立了独立的货币体系,加上其他经济政策的保护作用和国内产业协调发展战略,使美元对外日益具备相当的影响力,逐渐进入世界市场,为 19 世纪美国经济的崛起奠定了牢固的基础。

乔治

生平

亨利·乔治(Henry George,1839—1897 年),美国 19 世纪末期著名的经济学家、社会学家。1839 年出生于费城,12 岁辍学,在印度号商船上当水手。从小开始关注社会的弱势群体,认为社会生产力水平的提高能使穷人摆脱贫困。乔治怀揣着梦想,从 16 岁开始周游列国,先后到过非洲、印度加尔各答、澳大利亚墨尔本、美国西部。19 岁前往加州淘金,进入《旧金山时报》(*San Francisco Times*)当排字工人,开始研究中国苦力的问题。1879 年因《进步与贫穷》一书享誉学界。该书曾在世界各国售出数百万册,为他赢得国际声誉。1886 年竞选纽约州州长失败,1897 年病逝于纽约。亨利·乔治一生的主要著作有《进步与贫穷》(1879 年)、《土地问题》(1881 年)、《社会问题》(1883 年)、《土地财产权》(1884 年)、《保护主义抑或自由贸易》(1886 年)、《劳动的条件》(1891 年)、《尴尬的哲学家》(1892 年)、《政治经济科学》(1898 年)。

19 世纪中期到 20 世纪初,在第二次工业革命的刺激下,美国实现了由农业社会向工业社会的转型,并在 19 世纪末期工业产值超过了英国和德国,一举成为当时世界上的工业化强国。

与此同时,通过兼并战争和土地买卖的方式,国内的西进运动也在蓬勃发展,大量外来移民定居在新扩张的领土上。工业化进程推进了美国内部的城市化进程,大量人口由农村移居城市,人民的整体生活水平大幅提高。但是,资本主义经济的蓬勃发展,产生了巨大的社会矛盾。一方面,第二次工业革命使美国最终进入垄断资本主义阶段,这促使全社会的资本高度集中在少数资本家手中,导致社会财富高度集中、贫富差距日益增大;另一方面,资产阶级对工人阶级压迫的加重,招致了广大工人阶级的反抗,全国范围内的工人运动风起云涌。

资本主义经济的发展和综合国力的提高,没能真正使全体人民富裕起来,反而带来了贫富差距不断扩大的社会问题,使乔治十分失望。在经历了一系列实地调研后,他发现造成贫富差距的根源是土地的私人占有。由此,他产生了通过改革土地所有制和地税制度来促进社会公平、减小贫富差距的想法,形成了一系列的经济思想。

主要经济思想

单一地税理论

乔治在其一生最著名的著作《进步与贫困》中,详细论述了他最著名的观点——单一地税理论。他坚决批判土地私有制,指出土地私有制是导致地租与工资分离的根源。分配不平等的根本原因也在于土地所有权的不平等。在任何地方、任何时代、任何民族,对土地的占有是贵族制的基础,是大财产的基石,是权力之源。因为,乔治坚持土地是全社会收入的主要来源,而在经济发展过程中,土地所有者获得的收益远大于工人、农民等劳动者及占有其他资本的资本家获得的收益,这是导致贫富差距的根源。

另外,他从道德角度对土地私有制做了评述,认为土地归个人所有是违背道德规范的。乔治指出,收入的唯一合法来源只能是劳动,而依靠土地价格上涨获得的收益是有违公平正义的。土地价格上涨是人类社会进步的标志性成果,是大众改良并利用土地的结果,因此,上涨的地价归个人所有是明显不合理的。

为达到既保障人民对土地拥有平等使用权,又不引发统治阶级不满的目的,乔治主张采用土地国有制取代土地私有制。他还提出对土地租金征收地租税、对劳动力和资本免税的观点。这样,通过征收地租税,把地租转化为财政收入,以此实现土地国有化。这样的改革不会引起国家行政管理体制大的变化,只要对税务部门稍加改造就行。另外,这样做可谓一举两得,既通过税收调节了收入差距,又增加了税收、充实了国库。这一税种的特点是,通过对土地加征高额的税赋,来抑制土地所有人因地价上涨获得收益。按照乔治的观点,无论自然价值增长前,还是增长后,凡是地租都必须以地租税的形式归公共所有,业主只保留很小的一部分收益。

乔治认为,征收地租税是所有税种里成本最低且最容易的。而且,地租税的征收还可以减少其他种类税的征收额度,提高劳动者的积极性,刺激经济发展。在不改变土地产权性质的前提下,通过税收改革,使人民共享发展成就,使个体与社会整体共同进步,维护社会的公平正义。

乔治深受杰斐逊思想的影响。在土地政策上,坚持杰斐逊的理念,即土地的使用权和收益权属于活着的人,那些死人没有力量和权利要求它。土地是人们劳动和赖以生存的共同财富。基于这种理念,他认为通过单一地租税的方式可以间接地改良土地所有制。

人口理论

乔治完全不赞同马尔萨斯的人口理论,相反,他认为导致人口贫困的原因是不合理的经济制度。而马尔萨斯认为,生产资料和土地私有制是最理想的状态,不是导致人口贫困的原因,应该永恒坚持这两个制度。乔治严厉批判了马尔萨斯为私有制辩护的理论,提出了完全相反的人口理论,认为世界人口贫困正是由私有制导致的,要想化解贫困,必须从根本上改变这一制度。他利用印度、中国和爱尔兰的例子来论证他的观点。

乔治说:"在印度,从难以追忆的时候起,劳动阶级受到剥削和压迫陷于无助与无望的悲惨境地……到处难以安全地积累资本或者把相当数量的资本用于生产;凡能够榨取的财富都聚集在君主、王公手里(这批人并不比盘踞在国内的强盗更好),或者落入他们的包税人或弄臣手里,所有财富皆被毫无好处地挥霍浪费掉。"[1]他总结到,正是这种不合理的经济制度,致使少数达官贵族过着穷奢极欲的生活,而劳动大众却过着极度艰难的生活。

乔治说,在中国的晚清时期,"生产在最不利的条件下进行,交换受到最严厉的束缚。那里的政府是一个接一个的压榨机器。任何种类的资本安全必须向中国官员贿买"[2]。乔治总结道:"印度和中国都不能为贫穷和饥饿来责怪人口对食物的压力。不是稠密的人口,而是阻止社会组织趋向自然发展的原因和阻止劳动力获得完全报酬的原因,使几百万人生活在饥饿的边缘,并时时迫使几百万人陷于饥饿。"[3]乔治始终坚持认为,人口贫困的原因,在于土地私有制及与之相应的分配制度。

关于爱尔兰的贫困状况,乔治指出:"高额地租夺走了耕种者除了在丰收时勉强够维持生活外的全部劳动产品,怎么会不出现贫穷和饥荒呢;地主任意决定土地的使用期限,防止土地和生产的改良,只会鼓励最浪费和最无效的耕作方法。"[4]针对马尔萨斯提出的土地私有制不

---

① 乔治.进步与贫困[M].吴良健,王翼龙,译.北京:商务印书馆,1995:103.

② 同①:109.

③ 同①:110.

④ 同①:114.

是人们贫困和饥饿的原因,乔治说:"明明白白的事实是,爱尔兰任何时候的人口都是这个国家现有生产技术状况下发挥自然力量便能供养得相当舒适的。……难道是土地没有能力支持这么多的人口,以致迫使众多的人过着悲惨的生活,在歉收时让他们成为饿殍吗? 事实正相反,是抢夺印度农民的同样无情的掠夺使他们丧失劳动果实,在大自然提供丰盈收获的地方让人挨饿。在这块土地上没有无情的收税歹徒横行不法进行抢劫和勒索,但劳动者被同样无情的一伙地主弄得实际上一无所有;土地在地主之间划分,作为他们的绝对所有物,从不理会以土地为生那些人的任何权利。"[①]

事实使乔治坚信,不仅中国、印度和爱尔兰,人类历史上的饥荒不能归咎于人口过多,而应该归咎于封建的土地私有制度及不合理的分配制度。

关于政府的经济作用

乔治深受杰斐逊思想的影响,主张政府的管理调控范围,应该基于竞争的边界而设立。为此,他主张实施自由贸易,运用市场的竞争机制来调配资源,认为这样才能实现社会公平。他反对政府干预个人的自由行为。同时,他提出作为实现杰斐逊民主理想的社会路径是,政府不再需要直接的和压迫性的权利,它只提供尽可能少的监狱和更多的公共浴室、音乐厅、歌剧院、技工学校、射击场等诸如此类的场所,以解放人们的思想,鼓励和保护人们自主创业。

对古典政治经济学的扬弃

乔治的经济思想大多来自自己的独立思考,对正统的政治经济学有严格的审视。在研究方法上,他继承了穆勒的研究方法,采取演绎法来研究经济问题。在研究对象上,以财富的性质、生产和分配为研究对象。更不同于其他经济学家的是,他更关注财富的公平分配。

穆勒的土地理论,奠定了乔治单一地税理论的基础。穆勒认为科技的发展、经济的增长都会使得土地"不劳而增值",并导致地租上涨。

---

① 乔治.进步与贫困[M].吴良健,王翼龙,译.北京:商务印书馆,1995:111.

乔治赞同国家因此应征收地租税,用于社会福利事业。

同时,深受李嘉图思想的影响,在继承的基础上,他扩展了李嘉图的地租理论范畴,认为李嘉图的地租理论主要针对农业用地,忽视了制造业用地和城市建设用地。乔治以更宏观的视角将各个生产和领域都纳入了研究范畴。此外,他认为导致地租上升的原因是科技进步、政治变革、道德因素及生活方式的改变。

贡献与影响

对先崛起的资本主义国家来说,乔治的理论为资产阶级完善土地制度、税收制度指明了方向。对后起的资本主义国家和发展中国家而言,乔治的理论具有借鉴意义。它启示人们,在提高综合国力和增强国家整体经济实力的同时,要善于利用财税、金融等经济手段,促进利益分配公平,真正实现发展成果由国民共享的伟大目标。

乔治的经济思想,在当时资本主义经济高速发展、资本主义制度一统天下的局面下,不可能得到大范围的实践。但他的思想和空想社会主义者欧文等人具有相似性,为之后马克思主义政治经济学的产生奠定了基础。马克思在乔治的影响下,进一步发展了土地公有制理论,使土地公有制理论科学化。

乔治的土地思想同样对中国产生了重要影响。1895 年,经传教士马林传播,这一思想进入中国,并为伟大的民主革命先行者孙中山先生所接受。孙中山先生的"旧三民主义"思想的民生主义中平均地权的主张以及"新三民主义"中实现耕者有其田的主张,都受到了乔治思想的影响。

克拉克

生平

约翰·贝茨·克拉克(John Bates Clark,1847—1938 年),美国经济学家,哥伦比亚大学教授,美国经济学会创始人,学会第三任会长。

25 岁毕业于阿赫斯特大学,同年到德国学习经济学(1872—1875 年在海德堡学习)。当时德国历史学派影响力巨大,他深受新历史学派学者克尼斯的影响。他后来赞誉克尼斯,说他指导自己"发现了一种衡量财富的各种变量的新单位"。克拉克一生的主要著作有《财富的哲学》(1886 年)、《财富的分配》(1899 年)、《经济学纲要》(1907 年)等。

在边际效用论诞生之前,经济学家们都是按照李嘉图的劳动价值论来解释说明商品价值的源泉的。萨伊、穆勒等人虽然坚持要素价值论,但他们的理论中充满着"主观价值论"的色彩。萨伊的生产费用论,其理论基础却是边际效用论。穆勒将古典政治经济学的研究对象从客观方面扩展到人的主观情感方面。

19 世纪 70 年代,随着数学学科的发展,越来越多的经济学家开始将数学分析运用到经济学的分析中,以奥地利的门格尔、英国的杰文斯和瑞士的瓦尔拉斯为代表,他们分别阐发了自己独具特色的边际价值论。该理论在 19 世纪末 20 世纪初得到进一步发展,代表人物庞巴维克重新给价值下了定义,把价值分为主观价值和客观价值,并基于此,分别形成价值论和价格论。他指出主观价值的根源在于有用物品的稀缺性。在解释客观价值的价格论时,他指出商品价值由边际效用决定,边际效用量则"由需要及其供应之间的关系决定","需要越广泛和越强烈,边际效用也就越高;需要越少越不迫切,边际效用就越低"①。

克拉克在美国阶级调和论和边际学说的影响下,致力于构建一套不同于之前经济学家的为资本主义制度辩护的经济理论。

主要经济思想

划分了经济学的类型

克拉克把经济学分为三类:一般经济学、静态经济学、动态经济学。①一般经济学,旨在研究"普遍的经济规律"。克拉克指出,它只存在于生产力水平不发达时期,只涉及人与自然的关系,直接表现为无组织性的生产和消费活动。②静态经济学,旨在研究静态环境下的经济规律。

---

① 庞巴维克.资本实证论[M].陈端,译.北京:商务印书馆,2012:151-161.

克拉克假设社会经济发展过程存在这样一种状态,即人口、资本、生产技术、企业组织形式、消费者欲望五个因素保持不变,一旦变化就会对经济活动产生干扰。克拉克强调,只有在上述五个因素静止的状态下,才能发现真正的经济规律,并发现生产和消费环节的规律。现实中,充分自由竞争引起的均衡状态,近似于这种理想状态。③动态经济学,旨在研究"动态经济规律"。动态经济阶段是经济发展的较高阶段。在这个阶段,市场上已经有大规模的交换和各种类型的经济组织,人口、资本、生产技术、企业组织形式、消费者欲望等都在变化。克拉克认为,这种动态变化是静态经济被干扰的结果。如果没有干扰,静态经济是一种完美状态,自然经济规律也将一直起着支配作用。故而,克拉克主张应重点研究静态经济领域及静态经济学。

延伸了边际效用论的领域

边际效用学派将数学方法引入价值分析中。

最先将数学引入经济学的是戈森,他发现了"戈森定律",即"享乐递减定律"。他的这一法则被杰文斯发展成为"边际效用理论"。杰文斯的核心观点是价值完全取决于效用,他用数学方法对其进行了论证。瓦尔拉斯以稀缺性原理为核心,重点探讨有效需求和有效供给两者之间的平衡,他把两个人的交换范围扩大到市场上的全部商品,使供给和需求之间的均衡从局部转移到整体,他还用"需求的均衡"代替"效用的均衡",实现了使用价值向交换价值的转化。

克拉克在此基础上,逐步扩大边际效用论的适用范围,动态地将边际效用理论引入生产领域。他指出,土地、资本、劳动力在生产过程中的效用会伴随数量的增多而减小,地主、资本家、劳动者的收入是由生产要素的"边际生产力"决定的。

在《财富的哲学》中,克拉克通篇分析了"效用"这个概念。他在文中抛弃了劳动价值论而转向效用价值论。1887年底,克拉克再次发表了一篇经济学论文,他指出,古典政治经济学派把人看得"过分机械、过分自私",根本没有看到人有利他的高尚品质这一点。同时,他也详细阐述了"需求"问题,指出人类在发展的初级阶段的需求是非常容易满足的,但随着经济社会的发展,需求欲望会不断增加,高层次的需求则可以无限拓展。这样,需求在这两个极端和模糊不清的状态下,都会随着消费的满足而不断膨胀。但在这两个状态之间,需求会随着消费的满足而有所下降。

几年后,克拉克再次论及效用问题。1891年7月,他在《新英格兰人》发表了题为《哲学的价值》一文。在文中,他要求承认自己的边际效用学说的创始人地位。因为,他认为,读者即使阅读了大量的有关价值方面的文献,但依然不会懂得价值为何物,要想从经济文献中寻找令人满意的关于价值的普通原理,那绝对是枉费心机。他把价值和社会生活联系在一起,这是一种独特的思维。然后,他开始研究效用和价值的关系问题。他从斯密时期的钻石和水的悖论开始,指出问题的答案是边际效用。更重要的是,他认识到了边际效用的重要意义。以自然界最常见的物质——空气为例,指出空气有总效用,但是没有边际效用。因为,在地球上,目前人类还并没有找到空气的替代品。这样,克拉克就把总效用和边际效用区分开了。他以饮水的实例研究更深层次的边际效用问题。例如,拿走一杯水,对人的效用可能就会减少,或者是因为没有水喝,或者是因为没有相同质量的水喝。

克拉克的边际效用理论,在方法论上反对德国历史学派的归纳法,推崇抽象演绎法,认为经济关系就是人们的无限需求和有限资源之间的关系。他从个体本位出发,假设每个人的最高目标都是追求效用的最大化,即花费最小的代价,获得最大的满足。为追求需求的满足,人们必须处理好自己和周围有限资源的关系。

构建了边际分配理论

作为边际效用学派的学者,克拉克认为产品的分配实际上取决于它的效用和价格。

一件商品具有的效用是多方面的。例如,水可以供人们解渴,可以清洗脏物,可以灌溉、游泳等,因此,确定价值的因素不再是商品这样一个一组效用的总和,而是商品在某方面的用途。在这里,价值的基本单位从商品转移到商品的某个属性,一件商品的价值即该商品所有属性的总和。

另外,社会财富的分配状况也会影响到价值。如果一个国家社会财富分配相对公平,那么物品的价值就会呈现正常水平;反之,如果一个国家的社会财富分配严重不均衡,则物品就会偏离它的实际价值,出现极端价值,这会对人民的生活水平的提高造成负面影响。

作为该学派理论基础的边际效用价值论主张商品的价值来源于人的主观感受,即商品对人们需求的满足程度。商品要有价值,必须具备两个条件:一是要能给人带来效用,否则,没有人需要;二是必须具有稀缺性,否则,就没必要同其他商品进行交换。衡量价值的尺度是边际效用,即使是不直接带来边际效用的生产资料,其价值也是由其参与生产最终消费品决定的。交换的过程实质是交易双方主体对待交换物的边际效用进行评价的结果。所以,商品的边际效用之比决定商品的价格之比。

贡献与影响

克拉克的边际效用论,通过对现实生活中的交换行为进行深入分析,打破了之前的价值学说,开创了从消费环节和需求角度探讨价值源泉的先河。他坚持物品的二重性,正确阐释价值和使用价值之间的关系。另外,他对物品的价格决定因素进行了补充,指出了物品要具备价值而必需的两个条件,这些都丰富了价值学说,同时,对于价值规律学说在实践中更好地发挥作用有着巨大的推动作用。

克拉克运用数学方法研究分析商品的价值,具有可操作性。运用数字更直接地说明物的价值,方便了物品价值的衡量,统一了价值标准,推动了商品交换,助推了市场经济的发展和资本主义社会生产力水平的提高。

克拉克否定了劳动价值学说和要素价值学说,将效用及边际效用引入价值学说,开创了一个新的发展方向。这无论对经济学界还是实际的经济决策都有着重大影响。在理论界,经济学家们开始从多角度研究、认识价值。在实际中,决策者日益开始注重消费和需求在国民经济中的作用,这促使经济决策更加科学化,对于各国经济和世界经济的健康发展有着特殊意义。

为了纪念克拉克的功绩,美国经济协会在克拉克 100 周年诞辰时,设立了以他的名字命名的约翰·贝茨·克拉克奖,用来奖励在经济学界有重大贡献的 40 岁以下的经济学者。

费雪

生平

欧文·费雪(Irving Fisher,1867—1947 年),美国经济学家、数学家,经济计量学的先驱,美国历史上第一位数理经济学家。1867 年 2 月 21 日生于纽约州,1890 年开始在耶鲁大学担任数学教师,1898 年 31 岁获得哲学博士学位,并于同年转任经济学教授,任职至 1935 年。1926 年起先后担任雷明顿、兰德等公司董事职务。1929 年与熊彼特、丁伯根发起成立计量经济学会,1931—1933 年担任会长职务,1947 年在纽约病逝。

费雪一生的主要著作有《价值和价格理论的数学研究》(1892 年)、《资本与收入的性质》(1906 年)、《货币的购买力》(1911 年)、《货币幻觉》(1928 年)、《利息理论》(1930 年)、《繁荣与萧条》(1932 年)、《通货膨胀》(1933 年)等。

主要经济思想

资本、收入、利息理论

费雪把抽象的经济理论与现实中企业的日常经营活动相结合。在《资本与收入的性质》一书中,他运用会计学和保险精算学的理论基础,阐述了资本与未来预期收入的关系。在书中,他指出,资本产生收入这一理论,只有在资本以实物状态呈现的前提下才正确,在价值意义层面则正好相反。收入的价值决定资本的价值,也就是一定量的资本的价值是由该数量的资本所能获得的未来收入的现在价值决定的。

在吸收前人成果的基础上,费雪主要对两大问题进行了阐释:一个是纸币交易的数量问题;另一个是利息和利率问题。他根据自己的理解,认为利率是现在财货与未来财货交换时的贴水百分比。利率主要由两个因素决定,即时间偏好和投资机会。费雪认为,人们对现在财货的主观评价,往往高于对未来财货的主观评价。因此,如果牺牲现在的财货去换取未来的财货,一定要获得一定的补偿,这就是利息。在费雪看来,投资是纯利息的另一部分。投资受到利率的直接影响。利率越高,人们的投资积极性越低;利率越低,人们的投资积极性越高。也就是说,利率的高低是由主观因素和客观因素共同决定的。也正是两者的共同作用,使得利率永远大于零。在金融市场中,不同的金融资本的贷款利率不同,是由于不同种类的资本在实际中面临的风险不同。这时,利率便自动转化为风险担保金。风险越大的资本,在实际交易中利率越高;反之,风险越小的资本,利率越低。

货币数量理论

费雪认为,物价水平取决于货币的流通速度、流通数量和商品的实际交易量。他用一个公式表示这种经济学关系,$E=MV$,也可以表示为 $PT=MV$(E 表示一年内用以购买商品的货币总量,M 表示同期内货币流通的平均数量,V 表示货币流通速度,T 表示社会交易总量,P 表示商品价格水平)。

如果考虑到存款对货币交易的影响,则该公式还可以表示为 $MV+M'V'=PT$(M' 和 V' 分别表示存款货币的总额和流通速度)。其中:现金和货币流通速度 V 和 V',受居民的购买速度和消费习惯影响,一般不会有大的波动,可当作常数对待;社会交易总量 T 在经济发展稳定时也基本保持稳定;P 就和 M 和 M' 同方向变化。由于存款货币 M' 与现金 M 常保持固定比例,影响物价水平最重要的因素就是货币数量。

费雪强调,货币的实际购买力不仅取决于货币的数量,还受到物价总体水平的影响。但是,物价在实际生活中是隐形要素,往往容易被人们忽略。他指出,影响商品需求量变化的是商品的相对价格,而实际发行的货币量的多少只影响商品的绝对价格。因此,他把需求函数的这种零阶齐次性质看作没有货币幻觉,并由此得出结论,即货币是实物经济部分的"面纱",而不是一种真实资产。

贡献与影响

费雪最大的贡献就在于他从生产、分配、交换、消费各环节对资本主义高度发达的市场经济的弊病进行了分析。

费雪的资本与收入理论,对于人们在日常生活中正确管理个人财产,正确使用个人财产,促使自己的财产总数在流通中增值具有指导价值。另外,对于资本与收入关系的阐述,也为资本家在实际生产经营中扩大自己的资本规模、增加利润有指导意义。再者,对居民投资心理的分析,可以帮助经济政策制定者制定科学的经济政策,提高投资对国家经济增长的贡献率。

他的货币理论学说和利息学说,正确分析了投资和利息之间的关系,这给广大普通居民发财致富提供了一条思路。同时,也对各国金融业的健康发展有着指导意义。

费雪经济思想的影响主要体现在以下两个方面。

其一,理论上,他的货币理论思想,改变了经济学界和普通大众对经济活动的认识。货币作为一种充当一般等价物的商品,在一国的经济建设,尤其是市场经济体制占主导地位的情况下,可以说是经济活动的核心问题。

其二,实践中,由于他的研究成果是针对如何预防经济危机的,其理论在实践中得到广泛应用。最著名的就是美国于 1933 年开始实施的"罗斯福新政",其中的以工代赈,规定工人最低工资标准,限定最长工时,减少货币的发行量等措施,都受到费雪思想的影响。时至今天,费雪的思想仍然在实践中被广泛运用,在应对 2008 年由美国次贷危机引发的世界性经济危机时,美国及其他欧洲资本主义国家也部分地运用了费雪的理论,可见其理论在今天仍然具有极强的实践性。

第7章 19世纪德国旧历史学派的经济思想

　　18世纪中后期,法国的启蒙运动和资产阶级革命以及美国的独立战争爆发后,德国仍处在割据的农业化阶段,资本主义才开始萌芽。19世纪初期,拿破仑通过战争再一次把资本主义传播到了德国,为其资产阶级革命提供了开端,资产阶级和贵族纷纷开始要求消除农奴制度,统一国内市场。1816年,德意志内部各联邦开始统一,成立"联邦议会"。1834年,德国开始统一国内市场,设立关税同盟。完成革命后,国内的资本主义得到了一定的发展。最后,普鲁士对战奥地利的胜利,意味着德意志国家的彻底统一,德国登上了历史舞台。与此同时,英国完成了工业革命,资本主义得到了快速发展,而当时的德国资本主义的发展相对较晚,还处于比较落后的阶段。为了发展本国的工商业,德国开始实施贸易保护,在国家赋权的资产阶级的带领下,国内的资本主义发展也由自由发展进入了垄断性的资本主义发展。

　　由于德国经济发展的相对落后,英国古典的政治经济学理论并没有对德国的发展起到推动作用。于是,德国的思想家们就不再局限于古典经济学的学说,而是开始根据历史经验及实践,探寻适合德国的经济思想。在德国实现民族独立、统一的过程中,普鲁士政权发挥了重要的作用,这使得人民开始相信政府在资本主义发展过程中占据重要位置。哲学家黑格尔受到启蒙运动的影响,结合当时德国的实际情况提出,自由、正义都应该以遵从国家权威为前提,而不能以限制王权为目的,国家的强权应该和道德结合起来。由此,他的这一套哲学体系成为德国当时的国家哲学。18世纪中期,有一部分经济学家通过培根归纳法,看到了穆勒提出的演绎方法的局限性后,开始主张以历史研究为主导。19世纪中期,法国的社会学家孔德也否认了穆勒的抽象演绎法,并指出社会学的研究应该用归纳的方法,对大量的事实进行总结分析。他的这一见解也受到了不少经济学家和社会学家的支持和继承。

德国的资产阶级面对当时的社会状况与思想基础,提出要寻求一套适用于本民族发展的经济理论。于是,在19世纪40年代,德国的资产阶级成立了自己的政治经济学学派,即历史学派。在19世纪70年代以后,历史学派逐渐发展成新历史学派。而40年代到70年代这个时期的历史学派,被后人称为旧历史学派。李斯特被尊为旧历史学派的先驱,罗雪尔被认为是旧历史学派的重要代表人物之一。他们借鉴法学研究中的历史方法,把历史方法应用到经济学的研究中去,为旧历史学派的发展提供了一定的方法基础。后来,希尔德布兰德和克尼斯又对旧历史学派的思想进行了一定的发展。

19世纪70年代以后,伴随着社会问题的频繁出现以及工人运动的此起彼伏,以施穆勒、布伦塔诺、瓦格纳等为代表的经济思想家们,在旧历史学派的基础上创新发展形成了新历史学派,而后他们也都成为新历史学派的主要代表人物。

20世纪以后,韦贝尔、桑巴特等人提出要从历史学派的内部对其进行批判的主张,最终促使历史学派走向解体。

李斯特

生平

弗里德里希·李斯特(Friedrich List,1789—1846年),古典经济学的批判者,被后人称为德国历史学派的先驱。他出生于德国的一个工人家庭,早年通过文官考试,担任过书记员、检察官,其间在图宾根大学学习法学。1817年,他担任了图宾根大学财政学和经济学教授,于

1819 年组建了德国贸易和商业协会,倡导取消关卡和税收,实现自由贸易。次年,他当选为地方议会的议员,提出进行民主和政治改革,不久后被以叛国罪监禁。1825 年,他流亡到美国经营农场,开办了一个规模很大的煤矿,还创办了德文报纸,并支持美国的保护关税运动。七年后,他以美国外交官的身份回到德国,继续参与组织建立全德关税同盟,同时他又投身于铁路建设工程,并希望通过在全国范围内建立起完善的铁路系统来促进德国的统一。1834 年德国关税同盟成功建立,但由于封建割据和资产阶级的唯利是图,他的全国铁路系统以失败告终。三年后,他在美国的矿山在银行危机中破产,生活陷入困境,被迫流亡到法国,靠给报社撰稿获得微薄收入。1846 年,英国《谷物法》的废除给他造成了很大打击,他想要参与德国关税同盟的愿望也得不到实现,这使得他陷入了深深的绝望之中,最终他因为精神崩溃于 11 月 30 日自杀身亡。

他的经济思想主要是关于工业进步、生产力发展、国家干预、贸易保护等方面的内容,且在其所有著作中都有体现,最著名的著作有《政治经济学的国民体系》(1841 年)、《美国政治经济学大纲》(1827 年)和《政治经济学的自然体系》(1837 年)。

主要经济思想

关于国家经济

李斯特认为,古典经济学家们提出的经济思想,忽略了国家、民族的特点,没有根据特定的国民经济历史发展阶段来发展和完善其思想,这样的经济思想是一种世界范围内普遍的经济学,因为,他们不是从国家的个体角度来研究经济,而是从普遍的整体角度来研究全人类的经济,这样的经济理论只能出现在世界是和平一致的状态下。但从目前来看,几乎还达不到那样的水平。所以,一个国家应当选择适合自己的道路来发展经济,坚持独立自主,不依附于他国,只有这样才能逐渐强大起来。当大部分国家都发展到一定的水平时,这些经济水平相当的国家才能够进行合作联盟,来实现相互之间的贸易。在他看来,当时的世界各国发展是很不平衡的,因此,他对古典经济学家的思想进行了批判,并提出政治经济学应当以各个国家的经济研究为重,即要根据一国经济发展的具体特点来探索使该国各行各业发展得更好的科学。他强调自己的学说体系以国家为中心,指导一国如何根据现有的外部关系和内部条件,来改善当前的经济状况。他在发展自己的经济学说体系时指出,经济学的研究不能够只简单地照搬其他国家的现成理论,必须根据本国的现实状况,从实际出发,实事求是地探索适合本国经济、社会发展的理论与道路。

关于贸易保护

李斯特基于自己的国家经济学说指出,当一个国家正处于发展的关键时期时,尤其需要借助国家有意识的、有目的的干预来使发展方向顺应"人为的方向",国家应该去思考怎样的干预才是真正有效的。结合当时德国的发展现状,他认识到德国的工业发展处于相对落后的地位,要想促进国家的工业制造业发展,政府必须制定一些政策来对国家的贸易进行保护。于是,他提出了保护关税的政策主张,坚决反对实行自由贸易。在他看来,关税制度能够借助政策的庇佑,来保护相对落后的国家产业的成长,这是保护本国工业发展的有效手段,也是落后工业国想要在工业方面获得良好发展的重要政策途径。他通过考察英国的历史,发现英国在其工业发展的早期,也实行了一些相关的保护制度,正是这些保护制度使得英国的工业逐步发展起来。当工业发展到足够强大时,英国就取消了保护制度这个壁垒,以确保自由发展得更快。李斯特分析了德国的现状后指出,德国的工业已经被英国工业的竞争破坏了,处于空心化的状态,所以,要想获得一定的发展,就必须保护本国的工业,由向别的国家购买廉价物品转向在国内购买。虽然一开始会使得国内工业品价格提高,但经过一段时间的发展,技术熟练了,生产力提高了,产品成本就会下降,价格也会下降,进而工业也得到了发展。在这个过程中,采取一定的关税壁垒是必要的。因为这样的政策才能降低本国居民对他国工业品的购买量,从而有效地促进本国工业品的消费量。长期下来,本国的工业发展也会逐步进入繁荣阶段。

他主张采取贸易保护制度,但不主张把其绝对化。李斯特明确指出:"采取贸易保护措施要以促进国内工业发展为目的,想要达到这个目的,可以利用制度对某些外国工业产品实施禁入的规则,提高某些外国产品的税率,降低本国产品的税率等,从而对外国产品的输入起到一定的限制作用。这些保护贸易的方式,没有绝对有利或者绝对有害的区分,应该根据国家的不同情况对其采取不同的贸易保护方式。"①他认为,法国在其工业发展初期,采取的保护制度是非常正确的,并且效果显著。但是,如果当法国的工业力量已经足够强大时,它的保护政策仍然热度不减,就会在有限竞争的环境下,激发国内工业企业的竞争情绪,从而造成不良的贸易环境,不利于工业的发展。所以,各国应该根据自身所处的工业发展阶段的不同而选取不同的发展政策。从一开始的自由竞争思想在适当的时候过渡到贸易保护的制度,最后再回归自由竞争的市场环境中去,在适当的时候做出适当的决策,才能使国家在工业发展的路上健康运行。

关于工业进步

李斯特在他的《政治经济学的国民体系》中提到,国家的经济发展一般都会依次经历原始的未开发阶段、畜牧业阶段、农业阶段、农业和制造业阶段、农业和制造业以及商业阶段这五个阶段,并指出,一个国家所处的阶段越高,经济越发达,则文明程度越高,实力越强大。他认为,处于第五阶段的国家,不论是商业、制造业还是农业的发展都处于最理想的状态,这是生产力最高、最富强的阶段。他指出对外贸易、关税制度、工业进步都对国家的发展起到很大的作用。但这三者中,工业进步的作用远大于前两者,因为对外贸易和关税制度主要在一国经济的发展初期保护和维持本国经济的发展,但没有工业的国家在发展过程中会始终处于被动地位。当国家已经建立起强大的制造业部门时,工业的进步会对制造业部门产生很大的推动作用。他强调在后三个发展阶段中,工业进步扮演着核心角色,提出:"无论在什么时候什么地方,当制造业达到了更高的繁荣状态时,我们才会看到航海业、国内以及国外贸易,甚至农业本身才会繁荣起来。"②他认为,工业的发展也会

① 李斯特.政治经济学的国民体系[M].陈万煦,译.北京:商务印书馆,1997:261.
② 同①:126.

带来农业的繁荣、商业贸易规模的扩大、国家财富的增多、经济实力的增强、国际地位的提升、科学技术的进步、相关制度的加强、人口福利政策的完善。由此可见,他眼中的工业进步,不单只是衡量一国经济发展阶段的标准,更是促进一国经济增长的重要因素,所以,他的经济发展的五个阶段都是以工业进步为中心的。

李斯特除了在经济发展的每个阶段,强调工业进步的重要性以外,他还把工业进步与农村过剩人口联系起来做了一些预测,以此来强调工业进步的重要性。他认为,当一个国家处于农业为主的阶段,准备向经济发展的第四阶段和第五阶段过渡时,可能会出现两种情况:一是当国家过渡失败时,就只能维持原来落后的状态。因为,农业中的土地量是一定的,伴随着人口的不断增加,人均物质资料便会降低,最后不得已降低到最低水平,而且人口的增多也会造成人均产出数量的下降,结果,人口不断增加,国家依然保持甚至超过了原来的贫穷程度。二是当国家完成过渡时,增加的人口就不再是农村的剩余劳动力了,而是转移到需求量较大的制造业部门中去,剩余农产品可以为制造业提供一些原料和工具,这时,农业和工业实现了同步发展,劳动力得到了合理利用,久而久之,制造业、农业、商业三个行业中资源和财富互相充分流动,最终实现三者的均衡,使国家逐渐强大起来。这两种情况的对比,正是体现了一个国家的产业向工业制造业转型的成功与否会对国家的发展、生产力的提高、劳动人口的合理利用和分配产生重大的影响。

关于生产力

李斯特认为,财富不仅仅是由体力劳动创造的,那些能够激励人类在合理利用资源的基础上的积极劳动、创造社会价值的某种思想活动也能够创造财富,这两者都构成了生产力。他把生产力分为体力劳动和精神劳动两种,并指出后者相对于前者更为重要。精神劳动带来了社会文明的进步,使现在的生活远远优于古代的生活。科学技术的进步,新产品的发明创新,制度体系的完善,生产效能与生活质量的提高等,都要归功于人类的精神劳动。因此,他明确强调,生产力绝不仅仅是单纯的体力劳动,养猪的和制药的属于生产者,教师、音乐家、作曲家、法官、医师和从事行政工作的人也都是生产者。在生产性方面,后者要比前者高出很多。他又强调了在发展生产力的过程中,工业进步发挥着不可替代的重要作用。

另外,他还认为,虽然生产力可以创造财富,但财富的生产力比财富本身更重要。他以西班牙为例指出,16、17 世纪时,西班牙处于比较富裕的状态,后来的英、法争霸让西班牙丢掉了自身的生产力,最终落得贫穷的境地。又以美国为例指出,虽然美国的独立战争使国家的财力受到严重打击,但生产力得到了很大的发展,不出几年,美国便阔步迈向富裕的经济大国。所以,他强调,富人如果没有足够的生产力,最终也会成为穷人;穷人只要有足够的生产力,一样可以借助于生产力富裕起来。他还举了两个家庭的例子:如果两个家庭里各有五个儿子,有一部分现金,数量相等,但两个家庭对现金的使用方法不同。第一个家庭选择把现金储蓄起来,获得利息。第二个家庭选择把现金投入儿子们的教育中,使儿子们掌握一些知识和技术。几年后,第一个家庭儿子们的财富数量可能会多于第二个家庭儿子们的财富数量,但当一代一代地传下去的时候,第一个家庭的后代可能会坐吃山空,越来越穷,而第二个家庭因为后代掌握了生产力并不断传承下去,财富会不断地增加,会越来越富裕。他认为第一个家庭只关注了财富的交换价值,而忽视了财富的生产力,因此越来越穷,这是极为不明智的。一个国家也应当投入大量的财富到后代的教育领域,促进生产力的培养和发展。

贡献与影响

首先,李斯特批判了古典经济学家推崇的客观的一般经济规律,指出不同的国家应该根据自身实际情况,发展出合适的国家经济或民族经济理论。这种思想影响了后来的很多经济学家,并形成了后人所称的德国历史学派,他也成为德国历史学派的先驱。其次,他关于一个国家经济发展的五个阶段论,为后人分析一个国家的工业化程度提供了较为明确的标准和框架。再次,他关于生产力的定义和要素的划分,启发了人们对生产力中"精神资本"的重视和思考。尤其关于工业对生产力的重要性的论述,也为后人的生产力相关理论提供了基础。最后,他提出的贸易保护主张,在德国贸易发展中起到了很大的作用,而后得到不同程度的丰富和发展,至今仍被不少国家借鉴和应用。

李斯特首次对古典经济学家相关经济理论进行了批判,创新性地提出自己的国家经济学说,主张根据各国实际情况采取不同的经济政策,这样的思想为德国历史学派的创立奠定了基础,也为当时德国及其他国家的政策制定者提供了一些指导性建议。他的贸易保护思想,主张国家的干预、税收制度的改革等方面,实施后减轻了德国人民的赋税负担,促进了德国的贸易活动和资本主义发展。他提出的工业进步及发展生产力的思想,用比较科学的概念和理论向当时德国的政策制定者强调工业及生产力的重要性,推动了德国资产阶级对于相关概念的认知,也加快了德国向工业和商业迈进的步伐,实现了德国的经济飞跃。

罗雪尔

生平

威廉·格奥尔格·弗里德里希·罗雪尔(Wilhelm Georg Friedrich Roscher,1817—1894 年),出生于高级法官家庭,早期就读于柏林大学和哥廷根大学,学习历史学和政治学。他在 23 岁那年担任了哥廷根大学的历史学和政治学的讲师,第二年开始讲授政治经济学。1843 年,他出版了《历史方法的国民经济学讲义大纲》,并因此两年内被提升为教授。这一著作成为后人所称的“历史学派的宣言”。五年后,他到莱比锡大学担任政治经济学教授,任期长达 46 年。在此期间,他又陆续发表了《国民经济学体系》的五卷本,分别为《国民经济学原理》(1854年)、《农业及类似原始产业的经济论》(1859 年)、《商业及工业的经济论》(1881 年)、《财政学体系》(1886 年)、《济贫、救护及济贫政策》(1894年)。除此之外,他还著有《历史方法的国民经济学探讨》(1843 年)、《殖民、殖民政策、移民》(1848 年)、《十六、十七世纪英国国民经济学史》(1851 年)、《德国经济学说史》(1874 年)、《政治论——君主政治、贵族政治、民主政治的历史自然论》(1892 年)等。

在他 72 岁那年,他把讲座交给了他的一位学生布伦塔诺。1895年,在他去世一年后,他的儿子将他在家中的训话以及著作中的一些语录摘录出来,汇编成《一个经济学家的世界》一书,并于同年出版。后人称其为旧历史学派的创始人,评其为德国资产阶级政治经济学的重要代表人物。

主要经济思想

关于国民经济学的研究方法

罗雪尔在其著作《历史方法的国民经济学讲义大纲》中,提出了一种不同于古典经济学家的方法——历史方法来解剖国民经济学。首先,在他看来,研究国民经济学的一个目的,是了解和记录各个不同的国民在经济运行过程中的经历、想法、成就、经验教训等不同方面,具有个体差异性的主观感受和客观情境,所以,研究国民经济学必须含有个体考察的思想。其次,他指出,如果想要很好地研究国民经济学,就不能仅限于对当前经济现状的研究,更重要的是要对过去不同历史阶段、国民经济发展的不同情况进行探索,结合对过去经验教训的研究,才能更好地评判和分析现在及未来的经济状况。所以,他认为,对历史的考察在国民经济学的研究中具有很重要的作用。再次,他指出,历史的方法要求国民经济学中所研究的国民并不是单独的一国国民一个一个的集合,而是具有内在经济联系的国民的整体,这种整体既可以只有一个国家的国民,也可以包括不同国家的国民。此外,国民经济学的研究也应该结合其他有联系的学科,如法制史、政治史、文化史等。另外,他还指出,历史的方法不是用来颂扬或者否认某一种经济制度的,而是用来描述分析经济体怎样由好及坏、由繁荣走向衰落的过程。最后,他提出,历史的方法与古典经济学家的方法是对立的。古典经济学家由演绎到抽象的方法是不合理的,因为一种经济规律总不能适合所有的国家和国民,往往不同的国家都会因为其独特性而不完全适用,正如罗雪尔所说的那样,"就像不同的人不能适用于穿同一件衣服一样,不同国家人民的经济理想和欲望也不会只有同一种"①。

关于国民经济学的研究任务

罗雪尔明确提出,国民经济学的任务,就是通过对人类的经济发展历史进行考察,进而发现现有经济文明并解决目前尚待解决的问题。他认为,国民经济学主要是研究在不同的国家中,一国国民的经济欲望怎样影响生活、怎样得到满足,考察在满足国民经济欲望的过程中,是否有适合的制度规律,以及规律的适用程度的大小。他提出,政治经济学或者国民经济学的本质不是在探索一般性的规律,而是描述每个不同国家的国民经济生活的各个方面,从而记录他们的主观想法、经验教训等,作为经济史的资料。他在《历史方法的国民经济学讲义大纲》中,将国民经济学的研究对象聚焦于增进国家财富这个问题,并列举了五个判别国家财富大小的标志:①在一国中,占有绝大多数的最底层阶级,是否都能够在应有生存条件上感到舒适,生活质量感到满意,平均寿命和人口出生率也比较高;②国家是否能够为超越生理欲望的更高层次欲望的人群支出更多;③大型公共设施和民用基础设施是否能够得到修建和完善;④频繁的商业活动是否能使商业付款交易额度得到大幅度的增加;⑤一国是否频繁向外国借款。除此之外,他还指出,在衡量区域间经济发展状况时,除了劳动力和资本数量标准以外,还要包括发展能力。他认为这些标准能够促使一国国民探索其资源的使用价值,进而创造出更多的社会财富。

关于国民经济发展阶段

罗雪尔将国民经济的发展划分为幼年期、青年期、成年期、老年期四个阶段,并指出,成年期是属于国民经济发展的最理想阶段,是每个国家都在竭尽全力想要到达的阶段。但即使一个国家到达了成年期,并不意味着其会永远停留在最繁荣最理想的经济状态。因为,任何一个国家,在经历一定时间的成年期后,都会进入下一阶段——老年期,即经济会逐渐走向衰退。他还提出,不仅仅是处于成年期的国家,那些

---

① 　季陶达.资产阶级庸俗政治经济学选辑[M].北京:商务印书馆,1963:328.

处于幼年期、青年期的国家,在经历一定时间的发展后,最终都会走向衰退的老年期,这是一种客观的必然趋势。

他这样分析道:当一个国家进入成年期,即此时它的经济处于比较繁荣的状态,该国也拥有较多的财富和货币,其工资也会上升,最终促使产品成本上升。此时,与其他相对落后的国家的产品成本相比,该国的产品成本不具有优势,由此,导致工业资本开始向其他相对落后的国家转移。这时,如果与该国发达程度相当的其他国家再趁机进行市场的扩张,就会对该国的经济造成进一步的打击。另外,当一国经济发展到十分繁荣的阶段时,该国经济要想得到进一步的发展,必须突破现有制度的限制,进行改革。但在改革的过程中,往往会因为触及某些特殊阶级的利益而使得改革难以持续或者进展缓慢。久而久之,国民对改革的信心下降,改革进取的动力不足,进而国家的前进难以持续。他认为,正是这些方面的原因,使得一国经济在经历成年期后,最终还是会难以避免地进入衰退期。同时,他又发现,多数国家进入衰落期,最终灭亡的主要原因在于国民停留在"心灵的舒适区",即国民缺乏进取的动力。由此他得出结论,国民素质越高,这个国家由成长期进入老年期所需要的时间越长。对于所有的国家来讲,其进入衰落期后,又会自发地从幼年期开始,依次按照阶段发展理论,进行新一轮的周期循环。

关于生产要素

罗雪尔认为,一个国家的经济发展会受到自然力、劳动和资本这三个经济要素的影响。这三个要素既构成了物质生产的成本,也创造了效用。对于自然力这个要素,他指出有三种类型,即动物自然力、化学自然力和机械自然力,伴随着科技的发展和人类文明的进步,后两者会越来越靠近。他认为,自然力对一国经济的影响,主要体现在自然资源的状况。自然资源的匮乏与过剩都会阻碍一国经济前进的脚步。对于劳动这个要素,他也提出了三种类型,发明型劳动、体力型劳动和服务型劳动,并指出,农业中的体力型劳动适用于欠发达的国家,而工业中的服务型劳动以及发明型劳动适用于发达国家。对于资本这个要素,他把其分为生产资本和使用资本,并认为使用资本都会转化为生产资本投入生产。通过对生产三因素的分析,他又指出,在一国经济发展的初期,人类生活主要依赖自然界,处在向自然界索取的阶段。过了这一阶段,劳动开始成为支配人类生活的重要方式,为社会的发展带来了很大的推动作用。资本随着社会的发展开始占据重要位置,资本的优势成为经济发展和生产中的绝对优势。

贡献与影响

罗雪尔突破传统的研究方法,对经济学的研究方法进行了大胆创新,创立了德国的旧历史学派,并使其得到不断丰富和发展。他首次提出用历史归纳法来研究经济学,为经济学领域的分析提供了一个新的视角,形成了经济思想史上的"德国风格",使得经济史学的研究方法发生了变革,促进了学科本身的发展。他将经济学和历史学相结合来分析,为经济学与其他学科交叉互融树立了很好的典范。他在著作中举例分析的一些国家的经济历史与经济状况以及历史资料都具有很大的研究意义和参考价值。

总之,罗雪尔创立的德国历史学派在经济思想史上留下了浓墨重彩的一笔,他提出的经济发展阶段的相关理论,为今天的发展经济学学科的发展提供了思想源泉,他对生产要素的划分以及对三要素的分析,为理论经济学中生产函数理论的诞生与发展奠定了一定的理论基础。

希尔德布兰德

生平

布伦诺·希尔德布兰德(Bruno Hildebrand,1812—1878 年),德国旧历史学派的主要代表人物之一。他出生在德国的一个地方法官家庭,早期就读于莱比锡大学,先后学习了神学、哲学和历史学。他 24 岁获得博士学位,进入布雷斯劳大学任教。五年后又到马尔堡大学任教,成为该校的教授。1844 年,他成为该校的校长。两年后,上级以其在度假期间参与德国共产主义者的俱乐部活动为由,免去了他的校长职务。在后来的"三月革命"中,他担任了国会议员。但因为他的自由主义的思想不符合当时的主流,他最终被迫逃到了瑞士,先后到了苏黎世大学和伯尔尼大学任教。1861 年,他回到德国后,在耶拿大学担任经济学教授。1862 年,他和康托德教授一起主编了《经济学与统计学年鉴》。一年后,他又设立统计局,创办"储蓄银行"和"寡妇年金金库"等,还参加了行政实务,涉猎铁路建设等行业。后来,他通过对历史学和国家学的研究又转入对经济学的研究中,在其著作《现在和将来的国民经济学》中提出了自己对经济学方法论的一些看法。1863 年,他又出版了《国民经济的当前任务》这一论文集,次年出版《实物经济、货币经济和信用经济》。他研究经济学的同时也对统计学进行着一定的探索,1866 年,他通过出版《统计学的科学任务》,强调了统计学在经济学中具有重要作用。

《现在和将来的国民经济学》是希尔德布兰德比较重要的著作,这一著作包括亚当·斯密及其学派、亚当·海因里希·缪勒及其国民经济的浪漫主义、李斯特及其国民经济学体系、社会的经济学说及蒲鲁东的国民经济学说五个章节。

主要经济思想

提倡民族主义

希尔德布兰德认为,每个国家都有其独特的民族主义精神,不同国家国民的主观想法、欲望、经历总是会呈现个性化差异,不同国家的经济发展也会因为时间、地理环境、人文环境、历史差异而有所不同,所以,在研究国民经济学时,一定要坚持历史研究的方法,对每个国家的经济发展现状及历史沿革,都要进行探索,使国民经济学成为描述各个国家经济发展规律的一门学科。他极力批判了古典经济学家以及传统的重商主义者,认为他们都忽视了不同国家的"民族精神",用一些个别案例得出的结论抽象成了一般的规律,并宣称适用于所有国家。他指出,不存在适用于一切国家的持续存在的经济发展规律。

对经济阶段的划分

希尔德布兰德认为,经济的发展史本质上是经济的进化史。按照产品交换的标准,可以将经济发展的阶段划分为实物经济时期、货币经济时期、信用经济时期。在实物经济时期,人类主要是以物换物进行商品的买卖交易;到了货币经济时期,就出现了一般等价物——货币,人类就用货币来作为媒介买卖商品;在信用经济时期,人类以信用作为抵押和担保来获取资本,从事交易和生产活动。

对私有制的维护

希尔德布兰德认为,从历史的传统来看,私有制是推进国民经济发展的重要制度工具。正是有了私有制,才使得不同国家不同个体有着个性化的发展。如果没有私有制,社会中的人民就会失去个性,失去进取的动力。他指出,当下应该对私有制制度进行巩固与完善,使其更好地引领国民经济的发展。

对利己性的批判

希尔德布兰德认为,虽然经济学学科的目的之一是要创造财富,摆脱贫困,但国民在经济往来中,如果一味地只有利己心是不够的,因为在经济活动中,伦理道德和相关法律往往会对经济行为提出一定的要求。因此,希尔德布兰德认为,并非在所有的经济活动中,人类都是出于利己的心态和动机。

贡献与影响

希尔德布兰德的经济思想,既是对旧历史学派思想的肯定和丰富,又是对新历史学派的引领,他的思想在德国的旧历史学派和新历史学派之间充当着承上启下的角色,最终使德国历史学派的思想内容丰富了经济思想史。此外,他对经济阶段的划分,也为后来的经济学家做相关研究提供了一定的思想资源。

希尔德布兰德在自己的经济思想中,一直在强调国家经济的个性化以及国民发展的个性化,这对于当时德国领导人坚持德国自身的发展道路有着极大的鼓舞。当然,他这种个性化的思想,也从侧面对传统的古典经济学某些理论发起了挑战,对经济学的方法论也做出了很大的突破。

第 8 章　19 世纪德国新历史学派的经济思想

德国新历史学派的产生,相较英、法等国古典历史学派的产生时间较晚,且有着独特的历史背景。在 19 世纪 30 年代,当萨伊与夏巴特的思想传入德国时,德国才开始重视政治经济学。而到了 19 世纪 40 年代,德国政治上还未统一,各邦国仍然处于四分五裂的状态,传统封建经济占主要地位,资本主义经济发展很不充分。伴随着欧洲大陆其他国家及大英帝国的崛起,德国各邦中的有识之士思考着如何快速统一各邦,在政治上建立一个真正意义的主权国家,结束封建君主专制,让资产阶级在国家政权中居于核心地位,发展资本主义经济,追赶欧洲其他国家。但迫于本国的现实境况,以克尼斯为代表的经济学家认为,绝不能照搬英国、法国等已经发展起来的国家的经济发展道路,而必须结合德国自己的历史特点,从实际出发,真正有效地推动德国经济发展。

德国新历史学派的主要代表人物有克尼斯、瓦格纳、布伦塔诺、施穆勒等。

克尼斯

生平

卡尔·古斯塔夫·阿道夫·克尼斯(Karl Gustav Adolf Knise,

1821—1898 年),19 世纪德国经济学家、统计学家,新历史学派的主要代表人物之一,德国社会统计学派的创始人。

克尼斯从幼年起一直在家乡读书,1846 年获得马尔堡大学博士学位,同年留校任教。后来因为参加政治活动被开除,于 1848 年流亡至瑞士。1849 年返回德国,在加塞尔工艺学校担任讲师。1855 年任弗莱堡大学政治学教授。1861—1865 年代表该大学任巴登邦议会议员,在议会中,他领导了自由党同教皇绝对权力主义的斗争。在此期间,他于1862—1865 年任巴登教育局局长。随后,他又到海德堡大学任经济学教授,直到 1896 年退休。他终生从事教育事业,是一位很有才干的教师。

主要经济思想

坚持经济学研究的历史方法

作为特定背景下产生的经济学思想,历史学派反对抽象思维方法,认为其只是一种推理方法,根本无法解决经济发展中的实际问题。无论是旧历史学派的"历史分析法"与"历史生理法",还是新历史学派的"历史归纳法"与"历史统计方法",都一致强调历史的特殊性和"历史的方法",从根本上否定用演绎法抽象出理论,否认存在着普遍的规律。

旧历史学派强调各国历史的特殊性。其代表人物李斯特在《政治经济学的国民体系》一书中,从德国的实际出发,强调各国不同历史时期经济、政治、文化、社会等各方面的差异,否定人类社会历史有统一的演变规律,坚持只有通过对历史的具体情况的研究,才能正确把握一国经济的发展。由旧派奠基人罗雪尔所著的被称为"历史学派的宣言"的《历史方法的国民经济学讲义大纲》,也对古典政治经济学派运用抽象思维方法总结出的各国经济发展的统一规律进行了否定。他断言,用抽象方法概括出经济发展规律是不可信的,并认为使用抽象方法的目的不是预测事物未来的发展状况,而是记录事物的发展过程。

新历史学派顺应潮流,在 19 世纪 70 年代,面对资本主义经济快速发展的新局面,更加强调经济理论的相对性和经济学的历史方法。在旧派归纳法的基础上,新派将归纳法发展得更激进,强调政治经济学是从历史和统计材料的研究中诞生的,而绝不是从已经经过一百次蒸馏的旧教条中再行蒸馏而产生的。政治经济学的研究,关键在于收集大量的历史资料,只有在大量资料的基础上才能得出结论。

克尼斯,作为德国当时著名的新历史学派经济学家,他的历史思想深受黑格尔哲学思想的影响。他进一步主张经济学的历史性、理论性,认为国民经济是历史的产物,经济理论是受时间和空间制约的,不存在永恒的普遍适用的一般经济规律。他否认理论概括对于认识经济现象和从这些现象中寻找本质联系具有指导意义。

克尼斯在主要经济学著作《从历史角度观察经济学》一书中,系统地、明确地阐述了其观点。他认为,国民经济与私人经济互相对应,私人经济是个别的独立经济单位,而国民经济则是相互关联的私人经济的统一综合体。他不赞成过去仅仅把科学分成自然科学和精神科学的看法,认为国民经济学兼有二者的特点,但又是一门位于二者之间的独立的科学。他认为,人类社会的发展过程十分复杂,过程充满各种必然性和偶然性,而且各国的历史又各具特色,因此,经济规律很难准确说明人类社会的经济发展规律。他认为,在经济生活中,只存在因果关系。但由于经济生活是物质要素和人为要素的结合,并且与其他社会生活交织在一起,而人的要素还会使经济要素变化无常,因此,这种因果关系只能运用于一定的具体的经济条件,具有相对、有限的性质。当然,经济生活毕竟是自然要素与人为要素共同作用的结果,人们可以从中得到类似的法则,不过,这种类似的法则一定要从有关各国人民生活的历史材料中去寻找,一定要成为受人类历史的经验所指导的历史规律。他断言,国民经济不仅是一个复杂的综合体,而且是一个随着时代进步不断变化发展的事物。因此,经济学必须建立在这种综合体的历史演变的基础之上。在方法上,则必须采取历史的方法,通过说明和叙述才能把握受时间、空间和国民性等条件影响的经济生活。在他看来,经济学是一种类似根据历史发展以研究人类社会为目的的历史科学,其目的是探索构成经济现象基础的原因,以确定其发展变化。如果从伦理和社会理由中得出抽象的概念,就会导致错误的结论,以这种结论作为经济行为的基础,就会危害社会的和谐发展。

所以,他认为,只有历史的统计的归纳法才是唯一的科学研究方法。克尼斯说,由于经济现象本身并不能独立存在,所以,要明了这些现象,只能研究它们同社会生活的其他方面的相互关系。因为它们已构成社会生活中一个不可分割的部分。只有采取这种方法,才能看出人类不是为私欲所推动的,其他更重要的本性是社会成员的公正、平等感。国家既然体现着民族的经济和伦理愿望,它就有责任干预经济生活,以促进最大规模的生产实践和社会财富的公平分配,以防止贫富不均。

明确了统计学的性质

作为新历史学派的开山鼻祖,克尼斯在经济领域的观点,主要集中在统计学方面。他始终从历史学的角度来规定统计学的性质。他认为国际学派的统计学,自成立之日起,就是历史学的一部分,两者的研究方法和研究对象完全一致。但是,政治算术学采用了数字的方法,以社会客观事实的量来衡量经济指标,探索经济发展规律,是有别于历史学的"独立的科学"。这样,研究历史就有了两大工具:一是统计学;二是历史研究。克尼斯把两者结合起来,给统计学下了定义,统计学是具有政治算术内容的社会科学(社会生物学)。

但是,克尼斯的统计学观点,尤其是统计学规律方面的观点,与早期政治算术学派是不同的。他于 1850 年写作完成的《作为独立科学的统计学》一书。在书中,他回答了一个几世纪以来争论不休的问题——国势学和政治算术学究竟哪个是统计学。他明确指出,统计学是一门独立的科学,并强调统计学是一门用数据说话、解决实际问题的社会科学。同时,还对阿亨瓦尔"统计学只不过是历史学的一个部分"的观点进行了批判,指出这不过是国势学的观点而已。

克尼斯作为近代社会统计学派的代表,他的统计学思想建立在对古代国势学和政治算术学融合的基础上。这一思想后来得到了恩格尔的肯定和发展。在克尼斯和恩格尔的影响下,后来的经济学家对社会统计学不断完善,使其体系越来越健全。

贡献与影响

自斯密创立古典政治经济学以来,人们一直视资本主义制度为"唯一"符合历史潮流的制度,视"自由主义"为合理的经济制度,在研究各国经济发展时千篇一律采用固定模式,完全不考虑各国历史国情的差异。在这种情况下,历史学派强调"历史方法",无论是旧派倡导的"历史分析法"和"历史生理法"还是新派倡导的"历史归纳法"和"历史统计法",都使得经济学的研究方法发生了根本性的变革,使经济学的研究步入新的轨道,促进了经济学的发展。

德国历史学派把经济史与经济学结合起来,在坚持学科相对独立性的基础上,看到了相似学科之间的关联性,采用交叉、综合的方法去研究问题,这样对问题的把握更加全面,得出的结论也更加科学、可靠。

克尼斯把古代国势法和政治算术法相结合,提出"统计学是一门独立科学"的论断,把经济史与经济学结合在一起,使统计学的研究方法发生了革命性的变化。虽然,他的理论在当时学界有较大争议,后经过实践证明其理论也并非完全正确,但是,统计学后来还是沿着他指出的方向在发展。随后恩格尔支持并发展了他的统计理论。恩格尔认为统计学是根据合理的观察,从而描述一定时期人类社会的组织和状态以及这些组织、状态的变化的一门科学。在克尼斯和恩格尔的统计思想基础之上,德国统计学家梅尔总结了当时统计学界在各个方面取得的学术成果,建立和完善了社会统计学派的理论体系,由此社会统计学派又被人们称为梅尔学派。该学派认为统计学是在大量事实的基础上对社会现象进行研究,在研究中揭示社会现象发生变动的原因和规律,基于此,该学派将统计学定义为研究规律性的独立实质性的社会科学。并且他们提出将统计学的研究内容分为自然的和社会的,并将其存在形式分为总体的和个体的。

克尼斯明确提出的"国家应该干预经济、有义务干预经济"及历史地看待经济发展,并从历史中总结经验教训的观点是正确的。就在他生活的时代,完成了第一次工业革命的英国,已经爆发了经济危机。其后美国、德国等国,也在 19 世纪后期完成第二次工业革命后,出现了不同程度的经济危机。20 世纪以来,随着资本主义经济的发展和资本主义固有矛盾的暴露,全球性的经济危机发生的频率越来越高。在面对 20 世纪 20 年代末的全球经济危机时,"凯恩斯主义"诞生了,它曾经在第二次世界大战后相当长一段时间,促使了资本主义国家经济平稳发展。总之,克尼斯的理论在经济学界开创了系统阐述国家经济职能的先河,对后世乃至当代各国经济体制改革都具有一定的指导价值。

克尼斯的研究具有一定的史料价值。特别是他在《作为独立科学的统计学》一书中,详细列举历史上国势学和政治算术学的诸观点,对于当今人类考察数学及与其相关学科的发展历史奠定了基础。通过其与古典政治经济学的对立,与现代统计学的比较,也有助于我们总结自然科学的发展规律,对于今天以统计学为代表的学科发展意义重大。

瓦格纳

生平

阿道夫·瓦格纳(Adolf Wagner,1835—1917 年),德国社会政策学派财政学的集大成者,同时也是近代德国著名的财税学家、优秀的经济学家。瓦格纳生活的时段,是资本主义生产力飞速发展,西方各主要资本主义国家为加速本国经济发展,不断开拓、争夺海外殖民地的时段。此时,第一次工业革命已经完成。但随着时间的推移,第一次工业革命的成果已经无法满足社会发展的要求。在这种背景下,以内燃机和电力的广泛使用为标志的第二次工业革命应运而生。对已经完成政治统一、急需发展资本主义经济、抓住第二次工业革命实现经济腾飞的德国来说,政府应该在国家的现代化建设中扮演什么样的角色、发挥什么职能等这些突出的问题必须得到答案,新成立的联邦政府在发挥经济建设职能时又应该怎样处理税收与公共支出的关系、如何做好国家财政的收入与分配等诸如此类的问题,困扰着新历史学派的经济思想家们。

在这种大环境下,瓦格纳根据其所处的政治经济及社会背景,通过吸收、整理、总结以前社会政策学派,如洛伦茨·冯·施泰因、阿尔伯特·伊伯哈德·弗里德里希·谢夫莱等人的思想观点,加上其于19世纪80年代对美国、日本等国政府的考察,逐步形成了自己的以社会财政、税收思想为核心的理论体系。代表作有《政治经济学教程》(1876年)、《财政学》(1877—1901年)。他把社会经济组织分为"个人的经济组织""共同的经济组织""慈善的经济组织"三种。财政是"共同的经济组织中由权利共同体构成的强制共同经济",并据此提出了新的国家职能观,认为国家的职能应有发展文化教育和增进社会福利的职能,国家应为"社会国家"。

主要经济思想

税收原则

瓦格纳作为19世纪德国的财政学集大成者,一生的经济思想主要集中在税收领域。他从经济学和社会学两个角度给税收下了不同的定义。从财政意义上讲,税收就是公共团体为满足其财政上的需要,凭借其主权,作为对公共团体的事务性设施的一般报偿,依据一般原则和准则,以公共团体单方面所决定的方法及数额,强制地征自个人的课征物。从社会政策的意义上说,所谓税收,就是在满足财政上的必要的同时,以纠正国民收入的分配及国民财富的分配,借以矫正个人所得与个人财产的消费所征收的课征物。

瓦格纳认为,税收有调节个人收入和调节社会分配的职能。据此,他设计了自己心中理想的赋税体系。他认为,税收应该从个人所得和财产的取得、所有和使用三个环节中征收。他把税收分成三个体系:①收益税系。即在个人根据自己在社会中的分工,获得所得、拥有个人财产之前应交纳的税。②所有税系。即针对自己所得和个人财产所有额的多少应交纳的税。③使用税系(或消费税系)。即对纳税人使用其所得或财产时课征的税,应当适应于经济的支付能力平等的课征,其标准应当因时因地而变。所得愈多,税率应当愈高;所得愈少,税率应当愈低。在消费税系中,对大众共同消费的商品课以轻税,而对奢侈品课以重税,以提高课税的道德性。瓦格纳认为,只有运用税收从收入和支出两个方面去调节社会分配不均,并更多地采用累进税率形式,才能够更好地发挥税收政策的社会作用。

为更好地发挥税收在国民经济建设中的作用,瓦格纳提出了著名的"四项九端"原则。其原则共分四大项九小点,故称"四项九端"原则,具体内容如下:

(1)财政政策原则,又称财政收入原则,即国家征税的主要目的是组织财政收入,满足支出需要,所以,收入的来源必须充分并有弹性。财政政策原则包括:①财政充分原则,即税收收入应充分满足国家财政支出的需要,以免产生赤字。因此,从财政收入的角度看,应选择税源充足、收入及时的可靠税种。②弹性原则,即税收要能适应国家财政需要的变化。一旦国家财政支出增长或其他收入减少时,税收能够通过自然增收或法定增收(提高税率或开设新税种)来适应这种变化。

(2)国民经济原则,即国家征税要有利于国民经济的发展,避免危及税源。国民经济原则包括:①选择税源原则,即选择税源必须适当,能够作为政府税源的有所得(收益)、资本和财产三项,但以所得作为税源最为恰当。如对资本和财产课税,则会伤害税本,导致税源枯竭。②选择税种原则,即国家应根据国民经济的要求,尽量选择税收负担不易转嫁的税种,以解决税收负担的合理分配问题,不影响市场经济活动的效率,最好是选择税负不易转嫁的所得税。

(3)社会正义原则,又称社会公平或社会政策原则。瓦格纳主张以税收作为社会分配的一种手段,通过国家政策以立法和行政措施来改革分配过程中的弊病,矫正自由经济社会中的不公平现象,所以他提出了社会正义原则。社会正义原则包括:①普遍原则,即一切享受国家提供的利益的国民,都应当向国家履行纳税义务,不能偏于某一阶层、职业或地区。但从社会政策的观点出发,对于劳动所得或收入甚微者,可给予减免照顾。②平等原则,即应根据纳税能力原则平等课征,不承认财富的自然分配状态,可实行累进税制,对财产所得课税应重于劳动所得,对不劳动所得及意外收入应格外课重税,对下层人民生存必需的收入应减轻负担,减免税收,以符合社会正义的要求。

(4)税务行政原则,又称课税技术原则,是关于税务行政管理的要求。税务行政原则包括:①确定原则,即税法要简明扼要,应将纳税的数额、时间、地点和方法均事先明确地告诉纳税人,不得随意变更,以避免征纳过程中发生曲解和误解。②便利原则,即为纳税人方便着想,纳税的时间、地点和缴纳方式均应从方便纳税人的角度出发。③最小费用原则,即税收的课征费用应当尽量节省,以增加国库的实际收入。

此外,他还提出了一个理论,即"税收相对转嫁说",认为税收能否转嫁,取决于市场交易中自由竞争的因素等条件,同时,转嫁的方向及转嫁的程度,不但事先难以预测,而且事后也难以调查。所谓预期由纳税人直接负担的直接税,或预期能够转嫁的间接税,其实际的负担者往往并非如此。

瓦格纳法则

19世纪80年代,瓦格纳在对美国、日本等国的国民经济进行考察的基础上,总结出"瓦格纳法则"。该法则是说明国民收入与政府公共支出增长关系的定律。其内容为,当国民收入处于增长状态时,政府公共财政支出会以更快的速度增长。这主要是由于政府规模的扩大,主要归结于经济和政治两个方面的因素。

瓦格纳生前并没有对该法则做出明确、清晰的阐释,但是后代的经济学者对该理论有大量的研究。有的将该法则与时代背景相结合,阐述了现代一般理论,即一个国家处于工业化的过程中时,随着人均国民生产总值的增长,公共部门会变得日益重要。这主要是基于瓦格纳的以下三个观点:第一,瓦格纳认为,由于公共活动对私人活动的替代,政府管理和保护的功能会随着经济发展而扩张。第二,瓦格纳预测,随着经济的发展,政府在文化和福利事业上的支出会有明显的相对增长。第三,瓦格纳强调,经济的发展必然伴随着科学技术的进步,这就需要大量的资金投入。而垄断行业的出现使大量资本掌握在私人垄断企业手中,为促进经济发展,政府必然会抑制垄断,或接管垄断行业。

瓦格纳认为,财政支出规模的扩大是由社会的发展进程决定的。他分析指出,工业革命以后,市场的规模快速扩大,市场参与者与市场的关系日益复杂,为维护自身权益,市场参与者会联合要求政府建立司法机构来维护市场秩序,这样个人就必须让渡一定的资源给国家。同时,随着工业化进程的加快,城市化的速度也加快,大量人口涌入城市,这就会带来住房、医疗、入学、交通等一系列问题。为了维护社会秩序,促进人民生活水平的提高,政府必须扩张职能,更有效地管理社会。在瓦格纳看来,教育、娱乐、文化、保健等方面的社会需求弹性指数均大于1,随着收入的增长,政府对这些项目支出的增长将会快于国内生产总值的增长。

贡献与影响

瓦格纳以税收理论为核心,详细地阐述了税收诸原则。在介绍税种分类时,具体介绍了直接税和间接税,并对两种税的利弊做了分析。在分析诸税理论时,对单一税种理论的缺陷做了批判,详细介绍了自斯密以来的西方经济学关于财政的种种理论,对西方国家政治领袖在财政税收领域的决策产生了深远影响。第一次世界大战前,社会政策学派特别是瓦格纳的税收理论,对于西方税收理论的发展和税收政策的制定,产生过重要影响。瓦格纳提出的税收原则,以财政政策和社会政策为中心,较斯密的四原则更全面、更具体,对其后各国税收政策的制定、税收制度的设计均产生了广泛的影响。瓦格纳强调财政的收入原则应考虑收入的充分和弹性问题,并把国民经济的发展作为税收的一大原则,从而说明了税源和税种都要以保护税本为前提,在税收理论上是一大突破。此外,瓦格纳还突出了社会正义原则,强调税收在调节社会分配、矫正分配不公中的作用,这是积极、进步的主张,成为当时德国社会政策的税收理论的核心。总之,瓦格纳的税收原则较斯密的税收原则是一大进步。

瓦格纳在19世纪80年代第一次工业革命已经完成、第二次工业革命刚刚开始时期,正确认识到工业革命会使人民生活整体水平提高、经济收入整体增长的现实。同时,看到资本主义的加速发展需要国家积极履行组织经济建设的职能这个问题。为此,国家必须拥有相当数量的资金,这就是国家财政。

在德国刚刚统一,资本主义发展的初期,瓦格纳能够吸取其他主要资本主义国家经济发展的教训,为德国协调处理国家经济和国民经济

的关系提供了指导思想。另外,他对财政支出占国民生产总值的比例
的思考具有前瞻性,这为避免国家财政赤字、发生经济危机提供了帮
助,为之后发展中国家的崛起之路提供了重大的理论支持,为一国财富
的合理分配提供了理论帮助,对于保持物价平稳、人民生活水平提高及
政治稳定具有极其重要的理论指导意义。

布伦塔诺

生平

约瑟夫·路德维希·布伦塔诺(Joseph Ludwig Brentano,1844—
1931年),出生于德国巴伐利亚州阿莎芬堡,曾先后在都柏林大学、慕
尼黑大学、哥廷根大学、海德堡大学、柏林大学学习,先后获得海德堡大
学法学博士学位和柏林大学经济学博士学位。毕业后,于 1867—1871
年就职于普鲁士统计局。1871 年后转任大学教授,先后在柏林大学、
布雷斯劳大学、维也纳大学、慕尼黑大学等大学任教。其间,完成并发
表了一系列著作,包括《现代工会》(1871—1872 年)、《劳动与今日法律
的关系》(1877 年)、《与生产有关的小时和工资》(1911 年)、《历史中的
经济人》(1923 年)、《英国经济发展史》(1923—1929 年)、《我为德国社
会发展而奋斗的生活》(1931 年)。其中,《现代工会》被认为是最有成
效的一部著作。

19 世纪 70 年代,德国的社会思潮非常活跃。1872—1873 年,一批
大学教授在爱森纳赫会议上提出筹建德国社会政策学会的主张。由
此,一场新派与旧派之间的论战开始了。

论战的两派分别是自由主义经济派和改良政策派。原来对政治和
社会问题不大关注的一批知名大学教授从这时起开始转变态度,他们
要求国家在经济发展中发挥重大作用。这些人很快成为自由主义学派
和当时各大报社批评的焦点,德国曼彻斯特学派的鼻祖奥本海姆(自由
主义学派)把他们讽刺为"讲坛社会主义",而社会政策学会的核心人物
施穆勒接受了这个名称。属于"讲坛社会主义"这个阵营的多数是罗雪
尔、希尔德布兰德的弟子或接班人。施穆勒将罗雪尔等人称为旧历史

学派,而把自己和与自己主张相似的人称为"新历史学派"。就这样,"新历史学派"诞生了。该学派的代表总体主张实施社会改良,通过改良来解决社会问题。布伦塔诺就是其中一位。

在布伦塔诺生活的时代,欧洲各国的资本主义经济获得了较充分的发展。当然,第一次工业革命在推动欧洲生产力快速发展的同时,也带来了贫富差距扩大、收入分配两极悬殊等问题。在这种情况下,广大产业工人为维持生计,维护自己的合法权益,选择联合起来,通过政治运动的方式来捍卫自身合法权益。19世纪30年代,英国率先爆发了历时数年的工人运动——宪章运动,之后法国、德国也先后爆发了里昂工人起义和西里西亚纺织工人起义。一系列起义的爆发,促使以布伦塔诺为代表的德国新历史学派思想家的转变。

主要经济思想

关于工会的性质和职能

在对当时世界资本主义最发达的英国进行考察后,布伦塔诺提出了自己的观点。作为改良派的代表,他主张广大工人团结起来,为把自身从困境中解放出来而努力。他认为工会的最基本职能是通过与资本家进行集体协商,使资本家给予工人一定的工资,使工人能维持其最基本的生活。需要注意的是,布伦塔诺坚决否认工会具有"革命团体"的性质,否认工会可以通过暴力革命的手段推翻现任政府,来捍卫无产阶级的利益。作为一位生活在资本主义时代的经济思想家,布伦塔诺承认劳动力的商品属性,认为劳动力可以用来交换、买卖。他认为,工会应该在劳动力买卖的过程中发挥重要作用。工会的一个重要职能就是通过与雇佣企业谈判,使劳动力获得比较好的雇佣条件。

反对"工资基金说"

他认为,广大工人的工资源泉不是资本家的流动资本,而是消费者的购买力。资本家投入的流动资本越多,生产出的产品就越多,在排除考虑市场流通状况的前提条件下,消费者的购买力越强,资本家获得的利润越多。相应地,工人的工资就越高。如果消费者的收入减少,或者国家出现经济紧缩状况,消费不足,则资本家和工人的收入都会下降。此外,他认为,资本家缩短工时、提高工资不会影响工人的工作效率。因为,在这种情况下,资本家会通过购买机器、提高劳动力素质等方式来弥补因工时缩短而导致的商品减产问题。相反,他认为新的生产技术的使用,会促使企业在比原来短的时间里生产出更多的商品。在这种情况下,表面上看,工人的工资上涨,生活水平提高了,实则不然,因为,同期工人所创造的价值量也变大了,而多余的价值量完全被资本家掠夺了,工人并没有获得其真正的劳动所得。

关于社会保险和生产资料的属性

布伦塔诺认为,保险作为一种规避或减小损失的有效途径,其有存在的必要性。但政府不应该强行替广大劳动者购买社会保险,保险的购买者、所有者应该是劳动者自身。在生产资料的属性方面,他坚持私有制,承认资本主义经济制度下劳动力、土地的商品属性,主张土地可以自由流动、买卖。

关于社会革命

和瓦格纳不同,布伦塔诺主张实行自上而下的社会改良,来解决社会发展过程中出现的种种问题。但他只主张无产阶级通过建立工会的方式来维权,反对无产阶级通过政治革命来解放自己,推翻资产阶级对自己的剥削。他不反对资本主义制度,认为资本主义制度把人民从封建社会受压迫的状态下解放了出来,具有极大的进步性。

概括来说,他的思想并没有摆脱传统古典政治经济学的影响,依然是从个人主义和利己主义原则出发而产生和发展的。

贡献与影响

布伦塔诺敢于正视社会问题,看到了资本主义经济充分发展过程中所导致的贫富差距、两极分化及资产阶级对无产阶级的剥削程度不断加深等突出问题。他站在无产阶级的立场上,提出了建立集体工会来维护广大劳动者的实际权益。他主张的自上而下的社会变革方式,在 19 世纪资本主义快速发展的背景下,更具有现实性。他提出的工会的基本职能是使工人获得自由,维持广大工人的基本生活,这一点和资产阶级启蒙运动倡导的建立"自由、平等"的社会目标高度吻合。另外,他指出的工会为劳动者争取好的交换条件的职能经实践检验是完全正确的。时至今日,工会仍然是捍卫劳动者合法权益的有力工具。

以布伦塔诺为代表的经济学家,敏锐地观察到了资本主义社会经济发展过程中出现的新问题,从解决实际问题的角度出发,提出了社会改良思想,主张无产阶级通过非暴力革命的方式来解放自己,给缓和阶级矛盾、完善资本主义经济制度提供了可行方案。在该思想影响下,各国的工会数量不断增多,力量不断壮大,有力地推动了无产阶级力量的增强,为之后各国工人运动的发生及以马克思主义为代表的无产阶级理论学说的诞生奠定了基础。

但是,布伦塔诺反对无产阶级进行社会革命,反对无产阶级通过革命的方式反对资产阶级剥削、解放自身的思想具有极大的保守性。同时,他承认劳动力的商品属性的观点,给资本主义经济形式的存在提供了"合理"的依据,但对欧洲各国工人运动的进一步发展产生了阻碍作用,对马克思主义在欧洲资本主义国家的传播也产生了一定的负面影响。

施穆勒

生平

古斯塔夫·冯·施穆勒(Gustav von Schmoller,1838—1917 年),生于符腾堡海尔布隆市的一个官吏家庭,毕业于图宾根大学。早在大学期间,他就接触到以罗雪尔为代表的经济学家的经济学著作及思想。1864 年任哈雷大学教授,1872 年转任斯特拉斯堡大学教授。翌年,创办针对以门格尔为代表的奥地利学派的"社会政策学会",并任主席。1878 年后,主持《国家科学和社会科学的研究丛书》的编审工作,1881 年创办《德意志帝国立法、行政和国民经济学年鉴》(简称《施穆勒年鉴》),1882 年转任柏林大学教授,1884 年起担任普鲁士枢密院顾问,

1912 年退休。其主要著作有《19 世纪德国中小企业发展史：统计调查和国民经济调查》（1870 年）、《重商主义制度及其历史意义》（1884年）等。

李斯特明确提出了和斯密的个人主义主张截然不同的国家主义思想及支撑其观点的国家方法论。该方法论强调法律、制度和社会结构的相互作用，反对之前的国家的致富是建立在个人追逐私欲的基础之上的这一观点。

国家本位这种思想的历史十分悠久。首先，早在古希腊时期，亚里士多德就提出了国家起源理论，指出建立国家不是旨在组建一个国家的意图的产物，而是其自然的本能的结果，因而国家是一个有机体，其每个部分都受制于有机体。其次，德国的哲学家们，如康德、黑格尔，都十分注重强调国家权力。再次，旧历史学派的创始人罗雪尔认为，可以通过跨越时空、突破地域的历史研究方法，得出经济发展的绝对规律。但是，以施穆勒为代表的新派学者，否认通过上述方法得到的经济发展规律具有绝对性。新派的观点经过不断修改和完善，渐渐成为德国经济学界的主流思想。

主要经济思想

保护主义观

施穆勒早期的思想带有明显的保护主义特点。在 1870 年出版的《19 世纪德国中小企业发展史：统计调查和国民经济调查》一书中，他提出了保护"中产阶级"的思想，即保护自耕农和手工业者，对他们进行社会救济，对新兴中产阶级和工人阶级进行社会改良，以保障他们最基本的生活需求，来维护全社会的基本秩序。在研究方法领域，他既排斥古典经济学派的抽象逻辑方法，又反对旧历史学派寻求普遍经济规律的思想。他提倡道德理念，主张历史的伦理主义经济学思想，他的研究方法被定义为"历史的统计方法"。同时，他推崇史料的价值，认为史料即使不带有人物思想，也有相对价值，史料是研究经济学的基础，任何经济学思想都应该有史料做理论支柱，否则，就是一种不切实际的"妄想"。他认为，经济学是一门介于自然科学和本身比自然科学更重要的精神科学之间的科学。同时指出,经济现象既属于自然的技术的关系,也属于伦理的心理的关系。经济结构不外乎由自然技术和心理伦理两者决定。他把生产、分配、交换和消费这些经济环节既当作经济范畴,又当作心理伦理范畴。

经济发展中的道德观

在论及新历史学派"心理的、道德的观点"时,施穆勒把人的情感、行为、观念及人类社会中存在的制度、法律(包括传统风俗)视为推动经济社会发展的背后驱动力。他尤其强调,在人类社会的前进过程中,有各种相互倾轧的实例,但主导因素是法律和社会风俗。人类社会的道德水平在不断提高。他认为,在人类自身拥有的所有品质中,道德品质是最重要的。此外,他把盈利心置于经济发展动因的突出位置。同时,他指出,在早期社会,盈利心是不存在的。到了近代,宗教改革中诞生的新教为资产阶级积累财富、扩大资本积累提供了合理依据。在这种情况下,资本家们的盈利心不断膨胀。在他看来,"盈利心是在人类的生存冲动和劳作冲动发展到较高阶段以后,以及当这个发展在一定的经济的文明阶段造成自私心的进一步的发达以后产生的"[1]。如果没有盈利心的话,今天的社会在物质生产领域及精神文明领域取得的成就是难以想象的。但是,盈利心必须要有限度,需要受到道德和法律等制度的制约。否则,若盈利心超过限度,转变成盈利狂,那么,会对社会的和谐与稳定造成严重危害,这种情况是绝对要避免的。

经济发展阶段理论

基于对经济进步的理解,施穆勒在《重商主义制度及其历史意义》一书中,把人类社会的经济发展划分为六个阶段。第一个阶段,由牧羊人和捕猎者组成的氏族和部落经济阶段。在该阶段,人类为维持生计,采取集体生活的形式,共同劳动、共同分享劳动果实。由于这个阶段,人类还处于原始进化时期,需求层次低,加上生产力水平低,没有多余的劳动产品能够用来交换,这就决定了没有商品及商品交换。随着生

---

[1]　季陶达.资产阶级庸俗政治经济学选辑[M].北京:商务印书馆,1963:351.

产的发展,经济形态便进入第二个阶段。第二个阶段,即马克公社或村落经济阶段。在该阶段,社区机构发挥着领导作用。此时的社区结构本身成了一种经济的和商业的完整体系,并且对外部世界保持着隔绝状态。公社经济由于诸个强大国家的崛起而解体,经济形态进入第三个阶段。第三个阶段,即城市经济阶段。在这个阶段,城市的繁荣是经济发展水平的直接象征。每个城市在维护自身独立性的同时,都在积极向外拓展领地。城市内部形成了不同的经济阶层,根据阶层力量对比,形成了统治阶层和被统治阶层。统治阶级通过市政议会制定经济政策,指导经济运行,保障个人经济利益,而城市的繁荣依靠的正是个人私利。这种个人私利体制,在确保城市经济繁荣的同时,也培养了一种为城市集体利益而斗争和团结奋斗的精神。随着商业圈的扩大,联盟精神和地区共同利益的增长,社会进入第四个阶段。第四个阶段,即地域经济阶段。在地域经济形态下,地域组织成为经济的主要领导力量。一定的地域范围内存在着完整的商业体系,但各地域彼此之间互相独立,这时进入第五个阶段。第五个阶段,即民族经济形态,它是伴随着民族意识的增强而产生的。随着国家的统一,原来的地域和城市纷纷纳入国家的行政区划中,在这个过程中,经济政策会适时调整,国家的收入分配制度也会不断改革,不同阶层为维护自己的利益,会相互进行经济斗争。很快,经济形态进入第六个阶段。第六个阶段,即世界经济阶段。这时人们普遍认可自由贸易政策,并从该角度出发思考问题。但是,施穆勒并不认为世界经济时代是一个和谐的时代。随着各国经济联系的增多,相应的矛盾也会越来越多。

施穆勒认为,他有关人类社会经济发展阶段的描述,是以下三点为重要依据的:第一,人类社会发展的动力不是个人利己主义,而是团体利己主义;第二,经济政策控制者的团体机构愈来愈庞大,其确立过程及对较小机构的替代过程同历史进步的趋势并不冲突;第三,文明和道德是社会、经济进步的主导方向和主导力量。

国家的经济职能

施穆勒认为,国民经济是伴随着"较近年代的发展"而产生的。按照这一标准,则"国民经济只不过是近三百年的产物"。同时,他明确指出了国民经济产生与发展所必不可少的要素,概括起来有三方面:其一,具有一定的社会道德和社会法律结构;其二,交换和货币流通的发展;其三,国家权力成为一切权力的中心,强大的中央市场的形成。随着交换和货币的发展,原本以家庭为单位的经济形态分离出单纯以贸易和交换为目的的地区性企业,企业在日常经营活动中日益认识到建立统一市场规则的重要性,同时,国民经济形成的基础是由一国社会结构支配的社会生活,其中,心理因素是社会生活的重要组成部分。他把国民经济归结为两个部分的结合物,即"一半是各种力量之自然的、技术的体系""一半是各种力量之精神的、社会的体系"①。

同其他历史学派学者一样,施穆勒也注重强调国家对加快国民经济发展所起的特殊作用。如果没有一个强大组织的国家权力并具备充分的经济功用,没有一个国家经济构成其余一切经济的中心,那就很难设想有一个高度发展的国民经济实体。为此,他极力主张国家对社会经济的全方位干预。与此相应,他主张对铁路、森林、矿山、河流及银行等实施国有化,制定工厂法,实行工厂监督制,限制土地私有并实施赋税金融改革等。在外贸方面,他主张实施民族经济保护政策,认为这有利于国家的经济发展。另外,施穆勒从人类道德趋向完善和国家是各方主体利益的调节者这一点出发,主张在推行各项制度改革的同时,还应该推广一系列的社会政策。推行社会政策的目标在于促使社会财富的增加和分配的公平,其主要内容包括孤寡救济、劳资合同仲裁、制定有关干涉劳动契约的法令、使劳动者接受好的技能教育等。

动态的经济发展观

施穆勒承认经济的动态发展过程,主张用动态和历史的眼光看待经济发展问题,认为对国民经济进行分析时,应"根据时间和空间以及根据尺度和历史顺序"进行分析。他批判英国古典经济学运用的归纳方法,认为那种方法只能运用于社会生活中极小的一部分及被人为隔绝的社会经济状况。而在 19 世纪资本主义经济高速发展的大背景下,运用传统方法得出的结论绝对不是真理。

---

① 季陶达.资产阶级庸俗政治经济学选辑[M].北京:商务印书馆,1963:345.

贡献与影响

施穆勒通过对新历史学派三个经济特征的阐释，表述了自己的经济观点。他试图将经济学放在多学科的立体化体系中，从多个不同角度看待经济学，把经济发展建立在动态的和变化的过程中，把伦理道德和心理因素纳入推动经济发展的动力中。他反对英国古典学派的"个人主义自然法学说"，也反对用演绎法来分析经济发展问题，主张应结合伦理道德、社会心理等因素来全面分析经济社会的发展过程，这种思想具有启发性。

与此同时，为更好澄清己派观点，他一生先后发起两次大的辩论：一是与以罗雪尔为代表的旧历史学派的辩论；二是与奥地利门格尔学派的辩论。两次辩论对当时欧洲主流学派的经济研究方法起到了一定的传播作用，加深了各学派之间的相互了解和沟通，推动了经济学理论的进步。

施穆勒的经济思想，对于之后的德国经济学家及外国经济学家的思想有一定的影响。它改变了传统的单一客观经济研究方法，将伦理道德和心理等因素纳入制约经济发展的因素范畴里，还注重道德和法律与经济之间的相互作用，明确将经济学定义为一门社会科学。它使得当时欧洲正在蓬勃发展的资本主义国家的决策者们，在制定经济政策时能够更全面地考虑各方面的因素，更好地把握经济发展的总体趋势。另外，他早期提倡的社会救济及国家应全面干预经济的思想，经过后期的实践检验是完全正确的，这些思想对于缓解资本主义社会的矛盾，促进资本主义经济的健康发展有一定的意义。

第9章　20世纪初期美国制度学派的经济思想

　　经过 19—20 世纪之交的大转折,美国实现了一系列转变:由以自由竞争为主向以垄断为主的转变,由近代农业国到现代工业国的转变,由以农村为主的社会向以城市为主的社会的转变,由早期技术革命向近代新技术革命的转变,由自由放任到局部或部门的国家干预的转变,由大陆扩张到开始海外扩张的转变,等等。尤其是实行以电力革命和内燃机革命为标志的科学技术革命,完成了当时世界最高水准的近代工业化,超越了德国和英国,成为世界头号工业大国。自由资本主义发展为典型的现代化企业组织,出现了普尔、托拉斯、控股公司等现代化组织,进入了现代资本主义即垄断资本主义的发展阶段。

　　尤其是 1898 年美西战争以来,美国快速进入了现代资本主义即垄断资本主义的快速发展时期。这也是进步人士反对寡头统治、争取民主和进步与社会平等,现代资本主义不断改革和调整的时期。西奥多·罗斯福的"公平交易"、伍德罗·威尔逊的"新自由"政策、美国的进步主义运动,以及 20 世纪 20 年代美国经济的自由放任导向,使得美国现代资本主义的经济和政治统治得到进一步的巩固,推动了 20 年代美国经济发展的新高峰。但在这同时,也孕育着严重的危机。

　　在这个转折并崛起的时期,制度学派的经济学家对美国经济政策的制定与调整产生了重大及深远的影响。其主要代表人物有凡勃伦、米契尔、康芒斯等。

凡勃伦

生平

托斯丹·邦德·凡勃伦（Thorstein B. Veblen，1857—1929 年），美国经济学家。凡勃伦是挪威移民后裔，1857 年 7 月 30 日出生于康斯威星州。凡勃伦 17 岁时进入卡尔顿学院师从约翰·贝茨·克拉克，后转至霍普金斯大学读哲学，未能取得奖学金又转至耶鲁大学。1884 年，获哲学博士学位。1891 年毛遂自荐进入康奈尔大学任教。第二年，到芝加哥大学，未被重用。1906 年转任斯坦福大学副教授。1909 年受排挤而辞职。1911 年，走上密苏里大学讲台。1918 年，61 岁时步入仕途，赴华府供职于食品局。1924 年拒绝接受美国经济学会会长一职。1929 年初退休赴加利福尼亚州定居，不料数日后竟溘然长逝，享年 72 岁。

凡勃伦的主要著作有《有闲阶级论——关于制度的经济研究》（1899 年）、《营利企业论》（1904 年）、《德帝国与产业革命》（1915 年）、《近代不在所有制与营利企业》（1923 年）。其中《营利企业论》，完成于芝加哥大学执教时期，主要论述了当时的"现代资本主义"，从企业与产业两个方面来剖析资本主义体制，站在保守的改良主义立场，迎合好战的君主制，排斥社会主义，哀悼行将衰亡的营利企业。他依据德国历史学派的发展阶级概念，批评了适用货币经济——斯密以后今日经济学主流所犯的时代错误，提出了股份资本论。其中所提出的众多命题，奠定了制度学派的基础。

主要经济思想

有闲阶级论

1899 年，42 岁的凡勃伦出版了他的第一部重要的经济学著作《有闲阶级论——关于制度的经济研究》。此书奠定了凡勃伦在经济思想史上的地位，也确立了旧制度学派的理论基础。凡勃伦提出的"炫耀性消费理论"，不仅对资本主义条件下寄生阶级的奢侈消费进行了最尖刻的讽刺，而且实际上也颠覆了正统经济学的理性消费理论，成为他对经济思想发展的最重要的贡献。

凡勃伦的所谓有闲阶级，是指拒绝一切具有实际价值的工作的上层阶级，他们主要从事政治、战争、宗教、运动比赛等非生产性或荣誉性的事务。与之相对应的是劳动阶级，是那些从事体力劳动、生产工作或同谋生直接有关的日常工作的下层阶级。在凡勃伦看来，有闲阶级的产生，即生产性和非生产性业务的分工，是基于从野蛮时代向未开化时代发展过程中男女源于性别的自然分工。在狩猎为主的部落，男性所具有的果敢、强壮、魁梧等性格或气质特征，使其能够应付突然剧烈的变故。因此，男子"生来就是从事于打仗、打猎、运动比赛和宗教崇拜的"，而女子则从事常规性的不具有挑战性的工作，甚至整个生产业务，都是从原始未开化社会开始、由妇女从事的那类业务演变而来的。这种分工强化的结果，出现了男人专门打猎而女人搬运猎物的格局。如果不涉及武力的使用，男子是不值得去做的。由此，进一步形成的观念是，侵占是可敬的、光荣的、高贵的，而劳役是低贱的、不体面的。

凡勃伦认为，人们之所以占有财物，其真正动机在于获得荣誉，实现歧视性对比，竞赛、荣誉或歧视性对比的心态早就存在于私有财产产生之前的原始时代。那时，战争中的胜利以及对外掠夺的收获是部落及其首领显示其武力的方式。荣誉在敌我之间的歧视性对比中体现出来。私有财产产生之后，荣誉和歧视性对比产生于财产占有。歧视性对比主要是社会成员之间的对比，积累财产成为获得成就与优势的象征，财产的占有是博得声誉和尊敬的基础。为了在歧视性对比中显示自己的优越性，有闲阶级必须摒弃劳动。于是，有闲阶级将劳动看成是有损体面的事情。凡勃伦嘲讽波利尼西亚地区的某些酋长，为了保持尊严，他们宁可挨饿，也不肯用自己的手将食物送到嘴里。为了显示财产和优越感，有闲阶级还致力于炫耀性消费。消费的目的仅仅在于消费本身，在于炫耀和攀比。为了显示优越和荣誉，甚至出现了不事生产的主妇和门客及仆人的"代理有闲"和"代理消费"。

在对有闲阶级的炫耀性有闲和炫耀性消费的动机进行了深刻揭露和尽情讽刺之后,凡勃伦分析了有闲阶级及有闲阶级的存在对社会进步的阻碍作用。凡勃伦认为,有闲阶级是一个保守的阶级。在社会进化过程中,有闲阶级的作用是对社会的动向从中阻挠,保持腐朽、落后的事物。而且,由于有闲阶级作为一个有影响力的阶级,其对待改革和社会进步的态度会为其他阶级所仿效,这就更增强了其阻碍作用。如富裕阶级的一贯的示范作用,大大地加强了其他一切阶级对任何革新的对抗力,使人们的爱好固着于历代遗留下来的那些优良制度。而且,有闲阶级的存在,还会加剧资本主义制度的矛盾。

社会制度演进论

凡勃伦认为,制度实质上就是个人或社会对有关的某些关系或某些作用的一般思想习惯,而生活方式所构成的是在某一时期或社会发展的某一阶段通行的制度的综合。因此从心理学的方面来说,可以概括地把制度看成是一种流行的精神态度或一种流行的生活理论。任何一个民族的制度都是一个系统的整体,即每个制度都与其他制度有千丝万缕的联系。制度往往是滞后于现实的变化的。况且,一般来说,人们对于制度具有留恋感,如果不是该制度过分不能适应现实要求,人们绝不会改革或者废止它。

凡勃伦将达尔文的进化论引入社会经济的分析中,主要体现在三个方面:首先,将累积因果和假设性因素提升到方法论层面,提出经济社会是一个有机整体,各种物质是相互作用、相互影响的,不存在无果之因,也没有无因之果。其次,将本能这一人的生物属性纳入研究因素中,认为人是自然长期进化的产物,人是社会中的人,其本能属性也是长期进化来的。最后,他创造性地发展了制度的自然选择理论,用变异、复制、选择来解释制度的存续与变化。基于此,他提出了累积因果循环制度法。他继承达尔文的缘由解释法,并将之推广到经济社会的演进中。他认为,缘由解释法不仅适用于生物的进化过程,同样适用于经济社会的演进过程。

凡勃伦假设原始社会时期的人际关系都是和平的。因为,在原始社会,生产力水平十分低下,人类还处于进化过程中,加上自然灾害对生存的威胁,人们不得不采取集体居住、共同劳动的生活方式。在原始公社中,虽然存在简单的组织架构,但其充其量是现代经济组织的雏形。最重要的是,劳动工具归集体所有,大家享有平等的使用权,且劳动成果也是共同享用的,不存在按劳分配制度。在这种形态下,人类社会高度和谐。

伴随着人类社会的进步,尤其是当社会形态进化到奴隶社会,就出现了有闲阶级——奴隶主。他们凭借手中掌握的权力,完全不参加生产劳动,靠剥削奴隶来生活。他们将奴隶的劳动成果占为己有,过着比奴隶幸福的生活。到了封建社会,有闲阶级又转化为地主,他们凭借占据的生产资料——土地,对农民进行压迫,通过剥削农民来生活。资本主义社会形态下的有闲阶级毫无疑问是资本家,他们通过剥夺广大无产阶级的劳动果实,过着安逸享乐的生活。凡勃伦总结说,人类关系的和谐是被生产资料私有制打破的。在生产资料私有制出现以前,人类社会一直处于高度和谐的状态。生产资料私有制导致战争、斗争的出现,同时导致有闲阶级的出现。在他看来,有闲阶级成员的存在不利于社会生产的发展,而是尽干些浪费资源、无意义的事。凡勃伦认为,有闲阶级以各种表现形式存在,但他们都有一个共性——不从事生产劳动。他们通常身居高位,主要从事行政管理、发动战争、主持宗教活动等工作,他们的存在会阻碍社会进步。

他对制度起源的研究源于在《有闲阶级论——关于制度的经济研究》中对人类的野蛮时代、未开化时代和未开化时代末期的社会经济状况的研究。凡勃伦指出,人的行为由人性和自然环境共同决定。其中人性是先天的因素,自然环境则是后天的因素。人性中最本质的是劳动本能、随意的好奇心和父母本能。劳动本能的具体表现是,人所好的是有效果的工作,所恶的是不切实际的努力;人所推动的是事物的适用性和有效性,鄙视的是不切实际、浪费和无能。随意的好奇心是指人类在满足了基本生活需要后,去探索未知事物的渴望。这种本性是促进人类大脑进步,提高科技水平,提高人们生活水平的催化剂。父母本能是关心他人的本能,它有助于和谐的社会关系的形成。

社会演进中本能与习惯的力量

在凡勃伦的理论里,非常注重两个概念——本能和习惯。在他看来,本能是遗传下来的某种倾向,一经触发就会出现反应。本能反应不是固定的,它会受到外界环境的影响。例如,在夜深人静的沙漠中,独自行走的人会产生恐惧感。本能为社会化发挥作用提供了条件。习惯是人的后天习性。本能和习惯是人类进化不断向前发展的不可或缺之物。两者通常在实际中表现为互补关系。

凡勃伦赞同达尔文的"进化论",指出人类的生存是一个竞争过程,是一个淘汰适应的过程。人类社会已经确立的制度和人类在习惯、认识等方面的改进,可看作人类不能适应社会生态的自觉改变,甚至人类会为了适应自然而强制改变习惯。

凡勃伦吸收了詹姆斯关于人类演进和人的本能与习惯的作用的思想。在其著作《有闲阶级论——关于制度的经济研究》中,他详细论述了人类的生物学本能和社会进化的关系。他把本能和习惯作为核心概念,指出对制度的研究应当包括对习惯和习俗发展的研究,并将物质环境以及人类特征中天生和不变的倾向作为背景,认为这些倾向在习俗的取舍中发挥着作用,没有比经过时间验证的"本能"一词更好地表达了,并坚持认为本能是一种遗传特征。

同时,他强调本能对人类的行为具有决定性影响。虽然人类研究和思考源于人的习惯,但只有借助本能的作用,研究和思考才能发挥应有的作用。

本能在实际中确实有重要作用,但自然的演化速度很快,相比自然的演进进度,本能有迟钝性和模糊性,这就要求人们必须寻求另一种物质来应对自然社会进化中的紧急情况,它就是习惯。本能的本质是简单的,它直接指向某一具体目的,而习惯则是对目的的追求。和本能比较,习惯的环境适应能力和反应速度要强得多、快得多。

凡勃伦把习惯当作理性思考的重要因素,认为习惯是理性思考的结果产生的行为。反向方面,习惯驱使理性在面对具体情况及紧急状态下进行深入思考,其结果是推动新的习惯的产生。习惯和理性在促使人类适应自然界变化的过程中互相起作用。本能和理性的作用,使人们对自然环境变化的适应性不断增强。

反对金融寡头的垄断

企业的法人治理结构,作为制度经济学的重要组成部分,凡勃伦对此有着独特的见解。这以他在 1904 年出版的《营利企业论》为代表。凡勃伦生活的时代,美国金融业飞速发展,资本的表现形式由过去的工业资本、土地资本等形式,快速转化为金融资本。同时,自由资本主义的发展,加上第二次工业革命的完成,使企业数量直线上升。企业在运营过程中为了扩大资本规模、垄断市场、获取垄断利润,持续向银行贷款,使得银行家手中掌握了众多企业的大量债券,加上他们手中持有的大量股份,银行资本家对企业的控制力越来越强。

他们不仅通过股东大会影响企业的日常决策,还通过影响企业内部的人事事项控制企业。其中,以摩根为代表的金融资本家最具代表。凡勃伦对金融资本家控制企业的这种行为表示反对。为此他提出两权分立,即生产和经营相分离。在他看来,以摩根为代表的银行资本家,其"天职"是靠为公司承销股票和债券以及参与公司重组来获取佣金和销售差价的,但一旦当上公司的大股东,介入工商业,就会由于"本性难移"而使公司过于重视资本运作(如合并、兼并、收购和重组),并通过资本运作成为行业的垄断者或寡头,这无论对经济发展还是消费者权益的保护都会造成危害。

凡勃伦主张,应该让广大持有企业普通股票的股东控制企业,让技术人员全方位参与企业的生产流程,以促进新技术的运用。需要强调的是,凡勃伦反对的是金融寡头,他对企业实施的董事会、股东大会、监事会三机构分治并不反对。

贡献与影响

凡勃伦的理论在 20 世纪的美国具有巨大影响,尤其是在 20 世纪 20—30 年代更是居于支配地位。他顺应了美国社会的转型,为美国经济学理论的完善做出了贡献。

在凡勃伦生活的那个时代,美国正在实现由农业国向工业国的转型。经济加速发展的同时,新的社会问题也显现出来,其中最主要的当属垄断带来的财富分配问题及金融寡头的危害性。凡勃伦敢于正视现实、批判新古典经济学说,提出经济学的研究对象应该是动态的过程,而不应该是一成不变的状态,并提出制度主义经济学观点,即制度应根据现实的变化进行调整,为之后美国应对 1929 年经济大危机提供了理论基础,也为自由市场经济体制的完善做出了贡献。

凡勃伦吸收了达尔文的进化论,认为经济社会和人类本身同其他种类生物一样,处在不断的进化、演进中,经济学作为一门科学,其研究对象是经济社会的变化过程。而新古典经济学在研究经济问题时,总是做预先的假设和偏好,假设一个时段的社会处于持续不变的状态下,凡勃伦认为这种研究方法是不可取的。

当南北战争胜利、经济开始腾飞、整个国家经济都在迅速上升时,几乎所有的人都沉醉于喜悦中,很少有人关注社会经济的潜在危机。在这时,凡勃伦出版的《有闲阶级论——关于制度的经济研究》一书,在学界产生了很大轰动。就像凡勃伦预测的一样,经济制度的缺陷最终引发了 1929 年的大萧条。在当时主流经济学派无能为力时,人们开始把目光转向制度经济学派。20 世纪 20—30 年代,有一批追随凡勃伦的年轻人,他们追捧“制度趋势”的研究,其中的有些人之后还参与了罗斯福新政的起草,后来还成为罗斯福经济智囊团的成员。罗斯福新政,作为一种指导资本主义自我完善的理论,推动了资本主义的改革和调整。新政的核心思想“国家干预经济”及新政时期颁布的《工业复兴法》《存款保险法》,它们的思想渊源都可追溯到凡勃伦。

第二次世界大战期间及战后初期,制度经济学理论都受到决策者的重视,并对美国的经济政策有实质影响。1946 年制度经济学派的代表人诺斯被定为美国总统经济顾问委员会第一任主席,继他之后的两位主席凯泽林和伯恩斯都是制度学派的代表。

米契尔

生平

韦斯利·克莱尔·米契尔(Wesley Claire Mitchell,1874—1948年),出生于美国伊利诺伊州的拉什维尔,曾在芝加哥大学就学,在校期间曾是制度主义学派创始人凡勃伦的学生。1899年获得博士学位后留校任教,1913年后任哥伦比亚大学教授。1920—1931年任纽约社会研究新学院院长,1920—1945年任美国国家经济研究局局长,1929—1933年任美国社会动向研究委员会委员。他一生主要从事与经济周期有关的经济研究及相关资料的收集工作。他的主要著作有《经济周期》(1913年)、《经济周期:问题及其解决》(1927年)、《经济周期的衡量》(1946年)、《经济研究与经济科学及公共政策的发展》(1946年)等。

米契尔的思想受到了制度主义经济学鼻祖凡勃伦的巨大影响。凡勃伦的"货币经济"体系是一个诉诸市场交易,以营利为目标的融合了企业、消费者、政府、银行、银行资本家等多元主体、要素的系统。早在芝加哥大学读书时,米契尔就接受了定量研究法和数学研究法,这对他之后的学术发展影响重大。

米契尔早期的研究内容,主要是货币的作用及南北战争时期物价与革命的关系问题。后期的研究转向对现实社会问题的关注,主张用统计学作为工具研究经济问题。他毕生致力于收集有关国民经济的各种资料,为统计方法的改进做出重大贡献。

米契尔生活的时代,美国正在发生翻天覆地的变化。一方面,产业革命的红利促进经济实力快速提高,人民的整体生活水平有很大的提高;但另一方面,政府坚持的自由放任经济政策周期性地导致经济危机的发生。1929—1933年发生在美国的经济大萧条同样触碰到米契尔的神经。危机之后出现的凯恩斯主义以及频繁爆发的经济危机,使米契尔把目光集中在资本主义经济周期领域,通过对马克思等人关于资本主义社会经济周期性的研究,结合实践经验,米契尔建立了一套自己的学说体系。

主要经济思想

米契尔认为经济学的主体是人,它是一门和人类活动息息相关的学科,因此,他指出,对经济学的研究应该由注重理论研究转向更多的实践考察。在米契尔担任美国国家经济研究局局长期间,他领导研究局进行了一项关于国民收入总量与国家财富分配的研究。多年后,他出版了大量分析资料。直至今天,仍有很多正统经济学家对其思想进行研究。

经济周期理论

经济周期理论是米契尔最重要的理论。他在资本主义经济周期领域的著作比凯恩斯早 20 年。他自称自己的理论为"可以操作的假说"。因为,其理论有实践性和可完善性。他以体系为单位,否定经济周期由单一因素决定,而是从多角度探讨影响经济周期的因素。米契尔在该领域的研究结论主要有以下几点:①经济周期波动的渊源是货币经济。米契尔否认经济的周期波动是由资本主义的基本矛盾决定的,认为波动主要是由人民日常的收入和消费行为引起的,即是货币经济在一国发展的结果。如果一国的经济发展水平低,则不会有周期波动现象。②经济周期是一个有机联系的整体。这是不同的企业之间互相依赖的结果。工商企业通过产业的、商业的和金融纽带连接起来,任何一家企业经营出现问题,都会对其他企业产生一定影响,而且这种影响随着现代信用制度的普及而增强。③经济波动取决于利润前景。企业生产商品,为社会提供服务的目的是赢得利润。如果没有利润可图,企业主绝不会进行投资。企业主不会像政府和社会慈善机构那样无条件地提供社会服务。相比现实利润,预期利润更重要,因为它决定着企业的投资方向。企业主都会选择有较高利润的领域进行投资,这正是经济周期性波动的原因。④经济波动是由系统本身引发的。它对经济的破坏性既不是微不足道的,也不是巨大的。经济波动并非人们可以左右,它是经济运行的一个自然阶段。米契尔指出,周期产生于经济内部,每一个阶段都孕育着下一个阶段,即经济活动的复苏、发展孕育着繁荣,繁荣逐渐孕育了一种危机,危机中产生衰退,衰退在一个时期后会进一步加深,最终又会产生一个新的复苏。这就开始了另一个周期。所以,经济周期理论必定是对于一种累积性变化的描述性分析,它分析一系列经济条件自身向另一系列经济条件的转变。

米契尔选择衰退后的转型作为起点。在该阶段,经济复苏会通过企业快速扩散到各个经济部门,衰退期间滞销的商品会逐渐被销售掉,货币的流动慢慢加速,人们的消费和投资热情也会慢慢回升,进而带动生产的慢慢回升。复苏一段时间后,物价会缓慢上涨,这刺激了商品订货数的增多,新的资本投资也变多了。

米契尔指出,经济复苏后繁荣的顶点就是危机。因为,新投资的增多,会导致投资成本的提升,工厂和机器效率的降低,会减少企业的管理强度,这样工人的效率也随之降低,由此引起原材料、劳动价格的上涨。这样的商品供给与市场状况,对于边际企业来说,是无助于其再生产的。繁荣的经济对商品有大量需求,促使资本家雇佣更多的劳动力投入生产。资本家只为赢利,不顾实际,扩大生产规模,加重了资源浪费。

生产成本的上升压缩了利润空间,不断上涨的物价使人们对制成品的需求量也不再像经济复苏期间那么大,致使企业逐渐出现入不敷出的局面。这种局面持续的时间越长,危机和萧条发生的概率就越大。为避免破产,资本家会选择向银行贷款,随着贷款金额的快速增多,由于长期无法偿还债务,企业的信誉度快速降低。为了偿还债务,资本家一方面减少贷款的额度,另一方面降价倾销商品。消费者对商品价格降低的预期减少了商品的需求量,进一步加剧了商品价格的下降,企业的收入更少,经济负担更重。

这样循环下去,经济危机就发生了。市场上供大于求,使商品价格暴跌,加上需求的减少,企业的滞销问题更加严重。长期的入不敷出最终使企业破产、工人失业、股票暴跌。企业的破产使商品生产遭受打击,市场上物价飞涨,货币贬值,经济一片混乱。面对严重灾难,资本主义国家政府往往会用各种方法救市,使其尽快恢复。

经济计划理论

米契尔指出，经济危机的周期性说明市场的自我调节功能是有限的。市场的扩大、不同经济体之间联系的加强、人民消费观的快速强化、大量农民工的进城，以及他们对市场依赖性的增强，都加剧了市场经济的不稳定性，只靠企业自己制订的计划很难确保经济的持久健康发展。

因此，米契尔建议通过国家性的计划来保障经济的正常运行和人民生活的改善。他坚决否认资本主义国家没有计划的观点。他说，美国的历史就是一部标准的计划史。历史上的计划有过成功，也有过失败。美国宪法其实就是一部指导国家建设的计划书。现代民主制背景下，计划有两方面难度。一方面，全国很难就某个问题达成共识，比如1933年总统选举时，就罗斯福的新政方案，选民内部各抒己见，没有统一的观点。另一方面，制订计划时很难全面衡量其影响，就像有些禁令反而会加剧腐败，导致更严重的社会问题。社会是一个由各要素有机联系的整体，国家的计划行为当然必要，但如何在制订计划时全面衡量其影响，最大限度地发挥其正面效应是一个需要关注的问题。

贡献与影响

米契尔注重从实践中运用统计学方法获得经济数据，这为现当代的经济学问题研究提供了一条行之有效的研究路径。他对经济周期的研究，加深了人们对资本主义经济流程和规律的把握，为经济决策层适时调整经济政策提供了思路，有助于避免经济危机的发生，保持经济的健康循环与发展。其社会计划理论为自由资本主义经济体制的完善指明了方向，也给之后经济学家的社会改良思想提供了思路。20世纪20—30年代，面对严重的危机，制度主义学派的改良思想迅速占据上风，很多经济学家还被政府聘请为经济智囊团成员，参与制定新经济政策，参与罗斯福新政多部法令的起草。

康芒斯

生平

约翰·洛克斯·康芒斯(John Rogers Commons,1862—1945年),美国制度学派的早期代表人物之一。1862年生于俄亥俄州霍兰斯堡。先后在奥柏林学院和霍普金斯大学学习,后来在威斯里安学院、奥柏林学院、印第安纳大学、锡拉丘兹大学和威斯康星大学等院校任教(1904—1932年)。1901—1902年,任美国工业委员会研究员。1920—1928年任美国国家经济研究局副局长。其一生的主要著作有《财富的分配》(1893年)、《劳工法原理》(1916年)、《资本主义的法律基础》(1924年)、《制度经济学》(1934年)、《集体行动经济学》(去世后由助手整理在1950年出版)。其后三部著作,被称为制度经济学的代表作。

第一次世界大战后,美国曾出现过"柯立芝繁荣",但好景不长。19世纪末以来,美国经济出现了多次"滞胀",最终在1929年引发了世界性的经济危机,给资本主义经济制度造成巨大的冲击。在大危机面前,传统的经济学说无能为力,这使得学界兴起了各种新的学派。在这些学派中,制度主义经济学派的影响力最大,因为它符合社会转型的需要。罗斯福新政中的很多措施,就是对该思想的实践。作为该学派的著名学者康芒斯,在继承该学派开山鼻祖凡勃伦制度经济学思想的基础上,进一步发展了制度经济学思想。

主要经济思想

交易理论

"交易"是康芒斯提出的一个独特的概念。康芒斯认为,传统经济学一直以商品为基本经济范畴,这是一种物资经济学。事实上,交易才是经济活动的最基本形态,因而才能作为经济学研究的基本范畴。康芒斯通过对交易概念的分析,使法律与经济学具有了相互关联性。康芒斯指出交易中包括冲突、依存和秩序这三种成分,它们只有在一种交易的公式里才能结合在一起,与商品、劳动、欲望、个人和交换那些旧的概念不同。康芒斯把交易划分为三种类型:①买卖的交易,即通过法律上人人平等的人们的自愿交易,转移财富的所有权。②管理的交易,即依靠法律上的上级的命令创造财富。③限额的交易,即由法律上的上级规定,分派财富创造的负担和利益。康芒斯认为,这三种交易活动包罗了经济活动中的一切活动。而且,由于这些交易活动是地位平等的人们之间或者上级与下级之间的社会活动,所以,它们的性质是伦理的,也是法律的和经济的,所有交易者都应当享受到保护。也正是这些交易活动,把法律、经济学和伦理学联结在了一起。

交易是所有权的转移。在康芒斯看来,交易是在法律和习俗的作用下,取得和让与对经济数量的合法控制权的手段。他进一步说明,交易不是实际"交货"那种意义上的物品交换,而是个人与个人之间对物品的所有权的让与和获取。康芒斯之所以如此重视所有权的转移问题,是由于他认为所有权是经济活动的基础,如果不先取得合法的控制权,那么生产和消费就不应该进行。因此,在康芒斯那里,所有权成为制度经济学的基础。制度经济学,换个说法,就是所有权经济学。这样,康芒斯就从对社会经济活动的法学解释出发,把经济关系的本质归结为带有浓厚法律色彩的交易。

康芒斯认为,把老派经济学家的交易是商品的实际移交的意义,变成交易是所有权转移的法律制度上的意义,这是经济思想史上的一个重要转变。它使人们从传统的只关注物质产品的物资经济学转到关注经济活动中的法律因素的制度经济学。

"法制居先于经济"的思想

康芒斯的《制度经济学》(*Institutional Economics: Its Place in Political Economy*),从资本主义制度发展的历史阶段和经济思想史的角度阐发其理论,着重阐述了"法制居先于经济"的思想。以制度为分析对象,其理论逻辑为集体行动论、利益协调论、法制决定论。

(1)集体行动论——制度就是"集体行动控制个体行动"。斯密以来的传统经济学是个人主义的经济学,忽视了集体行动。而现实的集体行动是由协调利益和资源的稀少性所决定的。

（2）利益协调论——资本主义普遍存在"利益的冲突"。利益的协调是建立在"交易论"基础上的，交易中总有冲突存在，交易中也有相互依存，秩序是既冲突又依存的交易各方共同建立的协调关系，而调节一切社会冲突的公证仲裁人就是国家。

（3）法制决定论——法制是影响经济发展的决定性因素。在现代社会中，有经济的、法律的、伦理的三种利益协调方式，其中法制是决定性因素。资本主义制度的产生归功于法制。法制摧毁了封建社会的政治制度和经济制度，为资本主义的发展扫清了道路。资本主义制度发展的三个阶段（商业资本主义、工业资本主义、金融资本主义）各阶段的发展均由法制所推动。

康芒斯指出，作为国家机器，法律首先规范了个体的行为，并强调法律对经济形态的演进有决定性作用，尤其进入资本主义时代后，法律扮演着不可替代的角色。康芒斯又特别指出，个人服从于集体，这就是一个制度。制度是经济发展的核心驱动力。这个制度涉及很多内容，包括股份制企业、行业工会等，其中法律是最关键的因素。法律属于上层建筑范畴，是由经济基础决定的，同时对经济基础起反作用。在经济社会中，个体与个体、个体与集体、集体与集体都难免发生一些利益冲突，正确处理这些冲突对于经济的健康发展至关重要。政治与法律紧密联系，这就决定了法律可以处理经济纠纷，并确定经济的发展方向。制度本身是对市场经济的有益补充。

康芒斯并不想创造出独立的新的政治经济学，只想把集体行为引入经济体系中，建立"圆满的政治经济学"。在他的理论体系中，核心概念是"制度"，这种制度小到个体与个体组成的小群体，大到国家权力部门在社会化中的体现。

康芒斯将制度视为正式和非正式冲突解决的结果，成功的制度的标准是制度产生于"合理价值"还是"实际相互关系"。因此，他十分注重经济、法律和伦理三者的作用。正是有了法律，个人资本才能有序地投入生产中，才能有序参与分配、交换、消费、竞争等经济活动。在他看来，法律在垄断时代，尤其是个人垄断资本主义时代的地位更加重要。资本主义法律制度是服务于经济制度的工具。法律具有动态性，资产阶级根据经济的动态发展变化,适时调整推出新的法律。比如,在 19 世纪末,垄断资本主义出现后,资产阶级为维护正常的市场经济秩序,及时制定反托拉斯法以制止垄断。

康芒斯指出,制度经济学来源于一些非主流经济学家对所有权与物质差异的认识,因此,在《制度经济学》一书中,他强调所有权是制度经济学的基础,但他坚持集体行为对个体行为的决定作用,主张不能脱离经济社会现实而去单独研究所有权问题。

产权思想

康芒斯由交易思想引申出产权思想。康芒斯认为交易才是社会经济活动的基本单位,交易的实质是所有权的转让。故强调经济学中最重要的不是物,而是法律上的占有和物的转让权。如果没有法律对物权的规定,那么无论集体财产还是个人财产,都有可能随时遭受侵犯。

康芒斯形成了深厚的法律保护财产思想。他指出,在联邦和州层面,法律保护的规定有:①个人财产,不得为州和联邦占有。②各州不得制定任何有损联邦公共财产的法律条文。③不经合法程序,不得剥夺任何人的生命、财产和自由。这些规定,实质上是对《独立宣言》中关于个人权利规定的重申和完善。

除有形物质财产外,康芒斯还把财产权的对象扩大到无形财产范畴。需要强调的是,"无形"并不是指无形体,而是指稀有性和未来预期性的含义,它代表未来的收益。所以,无论有形财产还是无形财产,财产有四重含义,即有用性、稀少性、未来性以及集体的法律上的权利、义务、自由等关系。因此,财产权应包括占有、让与、使用、保留、处置等一组内容,它们都适用于有形财产和无形财产。

未来性的基础是现有财产量,它直接关系到物质与所有权、财产与财产权的区别。物质是过去时间里积累的财产,只有人们现在赋予其未来性,人们才对它们真正拥有所有权。但是物质本身并没有未来性,其未来性只是存在于人们的脑海中的对其未来的使用、处分等观念。可见,权利与义务、债权与债务,不仅存在于精神世界中,更存在于人们的计划中。以此为基础,康芒斯指出信用是一系列权利的总和,是对现有财产在未来的占有、使用、收益、处分等权利的概括。这种权利神圣不可侵犯。

贡献与影响

在新古典经济学占据支配地位的时代,康芒斯对新古典经济学理念进行了严肃的批判,强调制度与集体对经济发展的决定作用。

第一,康芒斯全面批判新古典经济学。新古典经济学认为,自由和理性是资本主义经济制度的前提。但康芒斯认为,在实际中,经济利益冲突才是更主要的特点,这符合资本主义社会的实际。另外,他没有像新古典经济学学派那样,重点研究资源分配及收入分配、商品价格等领域的问题,而是重点研究制度建构方面的问题。他反复指出市场本身就是一种制度。这一研究很具有前瞻性和根本性的特点。

第二,他注重制度建设对经济发展的作用,尤其是法律制度。他基于"交易"范畴,突出强调冲突的作用。另外,他着重从所有权和产权角度阐述经济问题。近现代世界经济发展的历史表明,单依赖政策是不能促进经济持续健康发展的,必须适时将政策转化为制度才行。

第三,康芒斯将经济学、政治学和哲学等诸多社会科学的研究方法融合运用于经济研究,使其理论更具综合性、全面性、系统性。现代社会科学证明,学科之间是互相联系、互相影响的。一个学科的研究中,往往可以借鉴其他学科的方法,这样可以得出更科学、更全面的结论。

康芒斯继承凡勃伦的制度主义经济学思想,并对其进行了完善和发展,使制度主义经济学派对后续的理论和实践发展都产生了深远影响。

在理论上的成就,典型代表是凯恩斯主义。面对1929年世界性经济危机,凯恩斯提出了国家全方位干预经济发展的思想,通过经济手段、行政手段和法律手段对经济进行调控。该理论在 20 世纪 50—70 年代在西方发达资本主义国家影响深远,是发达资本主义国家经济建设的指导思想。

在实践中的成就,最典型的当属罗斯福新政。新政注重制度建设,把很多经济政策以行政、法律等制度形式确立下来。比如,国会颁布的

《工业复兴法》等。

制度学派在美国诞生于 19 世纪末 20 世纪初。从它诞生之日起，就是一个以经济学异端形式出现的经济学派别。19 世纪末，美国成为世界经济最发达的国家，同时也成为贫富两极分化最突出的国家，阶级矛盾日益加深。凡勃伦 1899 年发表《有闲阶级论——关于制度的经济研究》，1904 年发表《营利企业论》，创立制度学派。他采用历史方法、社会达尔文主义和职能主义心理学，批判传统经济学的方法论，承认资本主义经济存在各种弊端和缺陷，强调对各种经济关系进行改良，形成了制度学派。他们在理论上批评当时在经济学中处于正统地位的马歇尔理论，指出自由市场经济制度并非是完美无缺的。凡勃伦甚至还提出了改革美国经济体制的设想，即由技术人员来执掌工业大权，以替代金融家的位置。

制度学派并不是一个严格的、内部观点统一的经济学派。他们吸取德国历史学派的思想观点，采取结构或制度分析的方法来说明社会经济现象及其发展趋势，宣传社会改良。制度学派以研究"制度"而得名，根据凡勃伦的定义，制度是"广泛存在的社会习惯"，本身有着进化的过程。因此，制度学派所研究的内容，在经济的、市场的因素之外，还包括法律的、社会的、伦理的、历史的各种因素。他们更强调非市场因素，强调制度分析方法或结构分析方法、历史分析方法和社会文化分析方法。他们主张国家对经济进行调节，以克服市场经济所造成的弊端和缺陷。

第二次世界大战后，凯恩斯主义取代了制度学派的地位。但到了 20 世纪 60 年代末 70 年代初，凯恩斯主义的"失灵"、经济"滞胀"的发生，使制度主义学派再度兴起。他们除继承传统，侧重于社会、政治、文化等制度因素的分析外，针对新情况，为批判资本主义的缺陷提供了社会改良方案。但是，遗憾的是，由于没有形成完善的体系，没有组成一支专业的研究队伍，加上其理论纲领没有被人们所广泛接受，制度学派便一直处于经济学的"异端"地位。

参考文献

[1] 色诺芬.经济论·雅典的收入[M].张伯健,陆大年,译.北京:商务印书馆,1997.

[2] 色诺芬.居鲁士的教育[M].沈默,译.北京:华夏出版社,2007.

[3] 柏拉图.理想国[M].郭斌和,张竹明,译.北京:商务印书馆,1995.

[4] 亚里士多德.政治学[M].吴寿彭,译.北京:商务印书馆,1996.

[5] 安多马.永不朽坏的钱囊:基督徒的金钱观[M].上海:上海三联书店,2011.

[6] 阿奎那.神学大全[M].段德智,译.北京:商务印书馆,2013.

[7] 赵崇龄.外国经济思想通史[M].昆明:云南大学出版社,2015.

[8] 配第.赋税论[M].陈冬野,译.北京:商务印书馆,1963.

[9] 配第.配第经济著作选集[M].陈冬野,马清槐,周锦如,译.北京:商务印书馆,1981.

[10] 晏智杰.西方经济学说史教程[M].2版.北京:北京大学出版社,2013.

[11] 姚开建.经济学说史[M].北京:中国人民大学出版社,2016.

[12] 洛克.论降低利息和提高货币价值的后果[M].徐式谷,译.北京:商务印书馆,1962.

[13] 王志伟.西方经济思想史[M].2版.大连:东北财经大学出版社,2018.

[14] 朱富强.经济学说史[M].北京:清华大学出版社,2013.

[15]魁奈.魁奈《经济表》及著作选[M].晏智杰,译.北京:华夏出版社,
2006.

[16]杜尔阁.关于财富的形成和分配的考察[M].南开大学经济系经济
学说史教研组,译.北京:商务印书馆,1983.

[17]白永秀,任保平.影响世界的20位西方经济学家思想述评[M].北
京:中国经济出版社,2011.

[18]斯密.国民财富的性质和原因的研究:上[M].郭大力,王亚南,译.
北京:商务印书馆,1972.

[19]颜鹏飞.西方经济思想史[M].北京:中国经济出版社,2010.

[20]萨伊.政治经济学概论[M].陈福生,陈振骅,译.北京:商务印书馆,
1997.

[21]邓春玲.经济学说史[M].北京:中国人民大学出版社,2017.

[22]马尔萨斯.政治经济学原理[M].厦门大学经济系翻译组,译.北
京:商务印书馆,1962.

[23]李嘉图.政治经济学及赋税原理[M].郭大力,王亚南,译.北京:商
务印书馆,1962.

[24]穆勒.政治经济学原理:上[M].胡企林,朱泱,译.北京:商务印书
馆,1997.

[25]李斯特.政治经济学的国民体系[M].陈万煦,译.北京:商务印书
馆,1997.

[26]罗雪尔.历史方法的国民经济学讲义大纲[M].朱绍文,译.北京:
商务印书馆,1997.

[27]季陶达.资产阶级庸俗政治经济学选辑[M].北京:商务印书馆,
1963.

[28]季德,利斯特.经济学说史:下[M].徐卓英,等译.北京:商务印书
馆,1986.

[29]乔治.进步与贫困[M].吴良健,王翼龙,译.北京:商务印书馆,
1995.

[30]庞巴维克.资本实证论[M].陈端,译.北京:商务印书馆,2012.

[31]卢瑟福.经济学中的制度:老制度主义和新制度主义[M].陈建波,

郁仲莉,译.北京:中国社会科学出版社,1999.

[32]鲁友章,李宗正,吴易风.资产阶级政治经济学史[M].北京:人民出版社,1975.

[33]赵峰.新编经济学说史教程[M].北京:北京师范大学出版社,2006.

[34]葛扬,李晓蓉.西方经济学说史[M].2版.南京:南京大学出版社,2015.

[35]凡勃伦.有闲阶级论[M].蔡受百,译.北京:商务印书馆,2009.

[36]阿塔克,帕塞尔.新美国经济史[M].罗涛,等译.北京:中国社会科学出版社,2000.

[37]菲特,里斯.美国经济史[M].司徒淳,方秉铸,译.沈阳:辽宁出版社,1981.

[38]康芒斯.制度经济学[M].赵睿,译.北京:华夏出版社,2009.

[39]任保平.西方经济学说史[M].北京:科学出版社,2010.

[40]波德.资本主义的历史:从1500年至2010年[M].郑方磊,任轶,译.上海:上海辞书出版社,2011.